CHANTS
POPULAIRES
DE LA PROVENCE

RECUEILLIS ET ANNOTÉS

Par DAMASE ARBAUD

Correspondant du Ministère de l'Instruction publique
pour les travaux historiques, etc.

AIX
A. MAKAIRE, IMPRIMEUR - ÉDITEUR
2, rue Pont-Moreau, 2
1864

BIBLIOTHÈQUE PROVENÇALE

CHANTS
POPULAIRES & HISTORIQUES
DE LA PROVENCE

—

Tome Second.

Platz mi cavaliers Frances,
E la donna Catalana,
E l'onror del Ginoes,
E la cort de Castellana,
LO CANTAR PROVENSALES,
E la danza Trevizana,
E lo corps Aragonnes,
E la perla Julliana,
Las mans e caras d'Angles,
E lo donzel de Thuscana.
  Attribué à l'empereur Fr^c Barberousse.

CHANTS

POPULAIRES

DE LA PROVENCE

RECUEILLIS ET ANNOTÉS

Par DAMASE ARBAUD

Correspondant du Ministère de l'Instruction publique
pour les travaux historiques, etc.

AIX

A. MAKAIRE, IMPRIMEUR - ÉDITEUR
2, rue Pont-Moreau, 2

1864

Traduction et reproduction même partielles interdites.

Après avoir rendu compte de deux satires publiées par M. Junior Sans de Béziers *que n'an pas marrit biais, autant pèr l'escrituro coume pèr la pensado, l'Armana prouvençau* de 1863 ajoute :

Noun se pòu dire ansin d'uno publicacioun interessanto, Chants populaires de la Provence, recueillis et annotés par Damase Arbaud, *editado à-z-Ais encò de Makaire. L'autour, de partit pres, n'a vougu emplega ni l'ourtougràfi di Troubadour, ni aquelo di Felibre (qu'es la memo), ni meme aquelo de la proumiero reneissènço (dóu tèms de La Bellaudière), e a degaia soun libre, à*

*bastoun planta, coume dison di pastre. Nous fai
peno, car lis anoutacioun, la musico e la prefàci,
mostron un ome de goust e de grand couneissènço.*

Nous acceptons avec reconnaissance l'éloge qui
termine, bien que son exagération bienveillante
nous fasse craindre qu'il ne soit mis là que pour
emmieller les bords du vase, et nous aurions laissé
la critique sans réponse si notre modeste recueil a-
vait été seul en cause. « Dans cette résurrection
» du passé à laquelle nous nous sommes voués, a-
» vions-nous dit, il nous a semblé que nous ne
» pouvions pas admettre les innovations parfois
» trop élastiques de l'orthographe moderne. Notre
» travail aurait perdu son caractère, et nos chan-
» sons, comme de vieilles coquettes cherchant à
» masquer leurs rides sous de modernes atours,
» n'auraient plus eu la physionomie de leur âge
» que nous tenions à leur conserver. Nous avons
» donc scrupuleusement suivi l'orthographe éty-
» mologique, celle du *Lexique Roman* de Ray-
» nouard et du *Dictionnaire de la Langue d'Oc*
» d'Honnorat. (¹) » Nous nous en tiendrions à ces
simples explications qui, malgré l'assertion quelque
peu tranchante de M. Anselme Mathieu, nous paraissent encore suffisantes pour justifier notre dé-
termination, mais l'observation porte plus haut que
notre livre; la langue provençale elle-même est en-
gagée dans le débat. Humble pionnier de notre ar-
chéologie nationale, nous n'avons pas cru qu'il nous
fut loisible de garder le silence alors que le passé de
notre langue était méconnu, que son avenir était
compromis, et puisque le hasard nous a renvoyé
l'éteuf, nous allons essayer d'établir que, quoi qu'on
puisse affirmer, l'orthographe suivie par l'école avi-

(1) Introd. au tome 1ᵉʳ, p. XL.

gnonaise est radicalement différente de celle des Troubadours, et qu'elle n'est pas l'orthographe qui convient à la langue provençale.

Nous n'avons pas attendu jusqu'à ce jour pour reconnaître la valeur des œuvres poétiques de cette école, pour apprécier la grâce des poésies de M. Roumanille, la vigueur et l'énergie de M. Aubanel, le faire tout virgilien du chantre de *Mirèio,* mais nous avons toujours pensé, et cela de très-bonne foi, qu'ils se trompent sur la forme, sur l'accoutrement, qu'on nous passe le mot, dont ils revêtent leurs écrits. Quand on est en présence de la descente de croix de Rembrant, ce qui frappe d'abord c'est cette pluie de rayons mystérieux qui tombant d'en haut sur le corps du divin supplicié illumine toute la scène ; mais quand on a pu maîtriser son émotion, on est choqué des haillons qui couvrent les saintes femmes, de la bassesse des hommes qui ont détaché le corps du gibet et de l'inconvenance de ce gros bourgmestre fourré d'hermine qui assiste indifférent à ce mystère terrible.

La prétention de faire remonter jusqu'aux Troubadours les innovations orthographiques qu'on nous oppose n'est pas une idée jetée au hasard, une de ces énonciations qui coulent de la plume et que la moindre réflexion suffirait pour faire effacer ; elle est au contraire le résultat d'un système préconçu et poursuivi avec une persévérance telle qu'on pourrait croire que ses auteurs préfèrent, au nom glorieux de poètes, le titre modeste de grammairiens.

L'orthographe adoptée par l'école avignonaise est-elle donc véritablement la même que celle qui fut suivie par les Troubadours ?

Mais d'abord les Troubadours suivirent-ils une orthographe ? Il ne faut pas perdre de vue qu'à leur époque la science, autant qu'on peut donner ce nom à un ramassis de distinctions subtiles et de définitions alambiquées, la science s'était réfugiée dans les cloîtres, et que ceux des Troubadours qui n'étaient pas d'église étaient, pour la plupart, illettrés. « Que les laïques qui voudront composer en roman, » dit Guillaume Molinier, lisent *ou se fassent lire* » les bons ouvrages des anciens Troubadours les » plus estimés. Ils doivent faire plus d'efforts que » les clercs, mais leur mérite en sera plus grand.([1]) » Les copistes de leur côté pouvaient être d'habiles calligraphes, mais ils étaient, à quelques exceptions près, très-peu soucieux de la syntaxe et du rudiment. Ils transcrivaient passivement le manuscrit qu'ils avaient sous les yeux ; comme M. Bellemain ils copiaient mais ils ne lisaient pas, ou bien, plus présomptueux et voulant paraître savoir, ils se livraient à toute l'exubérance de leur fantaisie. « Il » y a un moyen bien simple de comprendre par a- » nalogie l'orthographe déréglée, variable, mobile » et singulière qui hérisse de tant d'aspérités les » anciens textes français. » (Et l'observation s'applique avec autant de justesse aux textes provençaux. « (Qu'on veuille bien jeter les yeux sur les » épîtres de quelque cuisinière contemporaine, d'u- » ne de celles qui n'ont profité qu'imparfaitement » du bienfait de l'instruction primaire, qu'on veuille » bien, dis-je, examiner ce tissu orthographique,

---

(1) Perque acosselham als laicz qui volran dictar en romans que volontiers vuelhan legir o far legir los bos dictatz dels antics e dels aproatz trobadors. *(Las leys d'amor.* II, 154). — « Il est avéré qu'un très-petit nom- » bre de nos poètes possédaient l'art d'écrire. Il fallait » donc recourir à la dictée, et voilà pourquoi : *dictar* » est synonyme de poétiser et *dictat* de poésie » Diez, *la poésie des Troubadours,* 37, de la trad. franç.

» tramé par une navette indépendante et capricieu-
» se, on y trouvera toutes les irrégularités, toutes
» les fantaisies, tous les aspects étranges de l'or-
» thographe du Moyen-Age. Ici quelle simplicité de
» moyens pour exprimer le son ! c'est à rendre ja-
» loux M. Marle lui-même. Là, au contraire, quel
» luxe, et que de superfluités ! combien de lettres
» importunes, parasites, ridicules. (¹) » C'est de
là que sont sorties cette multiplicité des formes
que Raynouard a patiemment recueilli dans les textes et dont il a composé sa grammaire, formes si
diverses et si variées, pour les articles, les pronoms
et les adjectifs possessifs surtout, qu'il est hors de
toute vraisemblance qu'elles aient pu être usitées
dans la même langue à la même époque. Aussi n'est-
il pas difficile de neutraliser tout exemple apporté
à l'appui d'un systême par des exemples tout aussi
concluants et choisis souvent chez le même troubadour ou chez un troubadour contemporain. Heureusement l'érudition moderne a exhumé trois grammaires provençales des XIII° et XIV° siècles qui, en
nous fixant sur les règles de la langue à cette époque permettent de rétablir la pureté des textes al-
térés par l'ignorance du scribe et quelquefois de
l'auteur lui-même (²). Ainsi tout témoignage qui
n'est pas conforme à la règle de la grammaire ou

---

(1) F. GUÉSSARD, *Bibliothèque de l'Ecole des char-
tes*, Iʳᵉ série, tóm. III, 63.

(2) *Grammaires provençales de Hugues Faidit et
de Raymond Vidal de Besaudun* (XIIIᵉ siècle), publiées
par M. Guessard dans la bibliothèque de l'école des char-
tres, tom. Iᵉʳ, Iʳᵉ série; réimprimées à Brunsvic 1858.
C'est cette dernière édition, beaucoup plus complète que
la précédente, que nous citons toujours. — *Las Flors
del gay saber estier dichas las leys d'Amor*, volumineux
ouvrage didactique rédigé en 1356 par Guillaume Molinier, secrétaire du collège du *gay saber* de Toulouse.

qui, dans le cas où celle-ci est muette, rompt la mesure du vers, doit être hardiment rejetée comme adultéré. C'est là, et là seulement, qu'on peut retrouver l'orthographe de la langue des Troubadours; car si cette langue avait une orthographe et on ne saurait le nier, les Troubadours eux-mêmes n'en avaient point.

L'orthographe de l'école avignonaise est-elle donc véritablement la même que celle dont ces grammaires donnent les règles ?

Quand on étudie, au point de vue orthographique, les productions de cette école on est frappé tout d'abord de l'absence, en dehors de l'article, de tout signe distinctif des pluriels dans les noms et les adjectifs. Le mot reste invariable aux deux nombres. Les Troubadours au contraire attachaient une très-haute importance à cette distinction. La complication des moyens qu'ils emploient pour arriver à ce but, l'insistance que mettent leurs grammairiens à bien établir ces règles et à démontrer leur nécessité en sont des preuves irrécusables. Les noms masculins prenaient au singulier une *s* aux cas directs et la rejetaient aux cas obliques ; au pluriel au contraire c'étaient les régimes qui s'allongeaient et les sujets qui perdaient l'*s*. C'est à peu près le paradygme de la seconde déclinaison latine : *dominus, dominum, domini, dominos*. Tous les noms à terminaison féminine s'écrivaient alors comme ils s'écrivent aujourd'hui en français, c'est à dire que leur pluriel se distinguait de leur singulier par l'adjonction de l'*s*, et très-certainement un troubadour qui aurait écrit un recueil de poésies aussi fraîches que celles de M. Roumanille n'aurait pas manqué de les intituler *Las obretas*, si un troubadour avait pu avoir de la modestie ; très-certainement encore s'il avait édité les pièces lues dans une de ces réunions brillantes où poëtes et chevaliers faisaient assaut de galanterie, de libéralité et de poésie, il aurait écrit en tête: *Romavage des trobadors*, car *trobayre* était exclusivement la forme du nominatif singulier, les noms en *aire, eire, ire* terminant en *dor* le nominatif pluriel et tous les cas obliques du singulier, et en *dors* tous les cas obliques du pluriel : *emperaire, emperador, emperadors*; *entendeire, entendedor*; *trahire, trahidor*.

Que cette règle de l'*s* ne fût qu'un souvenir pour ainsi dire instinctif de la déclinaison latine, ou bien qu'elle fût logiquement adoptée par ceux qui l'employèrent, ce n'est pas ce que nous voulons rechercher en ce moment. Qu'il nous suffise de constater que les Troubadours s'efforcèrent toujours de distinguer en écrivant les deux nombres dans les noms et les adjectifs.

Qu'a fait l'école moderne? Elle a soufflé dédaigneusement sur toutes ces *s* qui la gênaient, comme sur une poussière qui ternissait l'éclat de la langue; elle les a fait disparaître des cas directs comme des cas obliques, des singuliers comme des pluriels. Et cependant ce signe distinctif des nombres existe en provençal, comme en français; il se fait sentir chaque fois qu'une voyelle le suit, parce que cette voyelle est comme le réactif qui décèle la lettre précédente. Il est vrai qu'alors l'école avignonaise l'écrit, mais pourquoi donc ne pas l'écrire toujours? Comprend-on le même mot changeant d'orthographe parce que celui qui l'accompagne commence par une voyelle ou par une consonne?

  Me dis que treno uno courouno
  De bèllis et bràvi chatouno.
      (ROUMANILLE, 242). ([1])

([1]) L'orthographe de M. Roumanille ayant beaucoup varié dans ses diverses publications, nous prévenons une

Pourquoi *bèllis* avec une *s* ? pourquoi *bràvi* sans ce signe distictif ? et si on transposait les épithètes n'écrirait-on pas *de bràvis e bèlli chatouno* ? Est-ce logique ?

Mais, objectera-t-on, cette *s* est purement euphonique ? où donc est la preuve de cette assertion ? Quand cette lettre sert à distinguer les pluriels dans tous les dialectes du Midi, en languedocien, en gascon, en catalan, dans la majeure partie de la Provence ; quand elle remplit la même fonction en français, en espagnol, on est mal venu de soutenir qu'elle est simplement euphonique parce que les lèvres délicates des habitants des bords du Rhône se refusent à la faire siffler dans certains cas. Et les terminaisons en *ch* si dures à leur oreille sont-elles donc également euphoniques pour que certains mots s'en arment prudemment à l'approche d'une voyelle ? car *lach, fach, nuech* et tant d'autres font sonner leurs deux lettres finales toutes les fois qu'il y a possibilité de les lier avec le mot qui suit. On écrira donc très-correctement :

> Un juvenome fa*ch* au tour.
> (ROUMANILLE, 4).

> Blanco de la*ch* e risouleto.
> (*Ibid.*, 317).

> E nieu*ch*-e-jour revassejavo
> E nieu*ch*-e-jour peréu soun bon paire sounjavo.
> (*Ibid.*, 232).

Un troubadour n'aurait certes pas écrit autrement, car il aurait remarqué que le féminin de *fach* est

---

fois pour toutes le lecteur que nous citons toujours *lis oubreto*, 3ᵉ édit., Avignon, 1864, in-18. — Pour M. Mistral, nous citons l'édition princeps de *Mirèio*, Avignon, 1859, in-8º.

facho, que de *lach* on a fait le verbe *alachar*, que *nuechado* est dérivé de *nuech* ; mais il n'aurait jamais écrit :

> O mi teté, font benesido,
> De bon *la* toujours prouvesido.
> (ROUMANILLE, 316).

> Au grand pre*fa* que vous appello
> Tu sies la forto, elo es la bello :
> Veirès fugi la *niue* rebello
> Davans la resplendour de vòsti front uni.
> *(Mirèio,* 430).

Si maintenant nous comparons l'orthographe du verbe dans les Troubadours et celle adoptée par l'école avignonaise, nous trouverons des différences aussi nombreuses et aussi radicales.

Les Troubadours écrivent toujours les infinitifs avec une *r*, *amar, temer, sentir* ;

L'école avignonaise supprime cette *r* d'une manière absolue.

Les Troubadours terminent la première personne du pluriel dans tous les temps par une *m*, *amam, amaviam* ;

L'école avignonaise la termine toujours par une *n*, la confondant ainsi, dans un grand nombre de cas, avec la troisième personne du même nombre, *aman, amavian.*

Les Troubadours écrivent la seconde personne du pluriel dans tous les temps par *tz*, *amatz, ametz* ;

L'école avignonaise l'écrit toujours par une *s*, la confondant ainsi avec la même personne du singulier.

Les Troubadours écrivent toujours le participe passé avec un *t*, *amat, sentit* ;

L'école avignonaise supprime impitoyablement

cette lettre qu'elle conserve dans les adjectifs, nous n'en voyons pas le motif.

Les Troubadours déclinent toujours le participe présent ;

L'école avignonaise ne le décline jamais.

Les Troubadours écrivent le gérondif sans *t* final ;

L'école avignonaise l'écrit toujours avec ce *t*, le confondant ainsi avec le participe présent.

De bonne foi avec de pareilles différences, que nous retrouverions aussi tranchées ailleurs si nous poussions plus loin cet examen, peut-on répéter, à toute occasion, que l'orthographe nouvelle est la même que celle des Troubadours, et n'est-il pas plus vrai de dire que la première est au contraire la négation de la seconde ?

Mais poursuivons.

Les tendances évidentes de l'école que nous combattons sont d'arriver à une orthographe purement phonétique. « En provençal, dit une note qui ac- » compagne toutes ses productions, en provençal » on prononce toutes les lettres. » D'où, comme conséquence forcée, en provençal on ne doit écrire que les lettres qu'on prononce. Or la prononciation est une chose excessivement variable, soumise à tous les caprices de la mode, subissant toutes les influences de l'usage. La prononciation française, pour laquelle nous avons plus de données, a changé bien des fois depuis trois siècles; pour s'en assurer il suffit de comparer les travaux de ces hommes qui, depuis Louis Meygret jusqu'à M. Marle, ont cherché à rendre l'orthographe conforme à la prononciation, de ces hommes qui, « entreprenant un » dessein chimérique, celui de changer la valeur » des lettres et la manière de les grouper dans les » mots, sans autre autorité que celle de leurs noms, » obstinés à soumettre le monde à une logique de

» leur façon, étaient insensés s'ils avaient foi dans
» leurs efforts; sinon c'étaient de vrais utopistes vi-
» sant au bruit, aimant à s'agiter en public, et à
» discuter..... pour le plaisir. (¹) » Très-certainement si nous avions les mêmes éléments pour juger
la prononciation provençale à diverses époques, nous
verrions qu'elle a subi des changements plus pro-
fonds peut-être parce que la langue usuelle se mo-
difie à chaque instant par l'infiltration lente mais
incessante du français qui l'envahit. Adopter donc
une orthographe phonétique c'est se créer l'obliga-
tion de réimprimer à chaque génération les écrits
de la génération qui précède pour les revêtir du
costume du jour; et c'est en réalité ce qui est arrivé
déjà pour notre Saboly et pour le *Galoubet* de Ja-
cinthe Morel, c'est ce qui arrivera peut-être un jour
pour La Bellaudière ou pour Gros si le bon sens public ne fait pas justice de ces profanations (²).

(1) FRANCIS WEY, *Hist. des révolutions du langage
en France*, 310.

(2) Le mot peut sembler dur; après nos explications
nous croyons que le lecteur impartial ne le trouvera que
juste. Quand on réimprime un auteur on doit évidemment
s'attacher à reproduire avec exactitude les éditions qui ont
été faites sous ses yeux. Modifier le texte, altérer l'orthographe, c'est se substituer à l'auteur, c'est dénaturer
sa pensée, c'est travestir la forme sous laquelle il a voulu
la produire. Comparons donc l'édition des noëls de Saboly donnée par M. Roumanille (*) avec le texte des ca-
hiers publiés par l'auteur. Nous prenons au hasard *le
dialogue d'un ange et de dous demons*, que la fantaisie
de l'éditeur moderne a transformé en deux diables, et
nous mettons en regard de la version de M. Roumanille
le texte du fascicule imprimé à Avignon en 1674 par
Michel Chastel, imprimeur de Sa Sainteté:

* Avignon, L. Aubanel, 1852.

Nous trouvons dans la magnifique édition de Saboly de M. Fr. Seguin, édition qui serait irréprochable si on n'avait eu la malencontreuse idée de déna-

Texte de 1674.	Texte de 1852.
II. DEM.	SEGOUN DIABLE.
Li conseillere de se pendre,	L'i counsière de se pendre,
Li fourniguere lou licou	L'i fourniguère lou licòu
Gitere sei tripos ou sou	E gitère si tripo au sòu :
Apres aquo que voas tu dire ?	Après acò que vos-tu dire ?
I. DEM.	PREMIÉ DIABLE.
You ai ben fach incaro pire.....	Iéu ai ben encaro fa pire.....
II. DEM.	SEGOUN DIABLE.
Vol' estrassa lei paramen,	Vole estrassa li paramen
Afin que sache qu'you lou mor-[gue.....	Per que sache que iéu lou mor-[gue.....
L'ANGE.	L'ANGE.
Sortez, sortez de cette place	Sortez, sortez de cette place
Démons ennemis des humains;	Démons ennemis des humains :
Dieu qui vous a lié les mains,	Dieu, qui vous a lié les mains,
Redoublera toutes vos peines....	Vous tiendra toujours dans les [chaînes.....

La bibliothèque de Carpentras possède un cahier autographe de Saboly (ms. 380) contenant quelques noëls qui pour la plupart n'ont pas été publiés de son vivant. On avait bien là l'orthographe de l'auteur. L'a-t-on respectée ? Qu'on en juge :

Ms. de Carpentras.	Texte de 1852.
Ay vis, non vous desplase	Ai vis, noun vous desplase,
Un enfant dessus lou fen,	Un pichò dessus lou fen,
Un home, un biou, un ase,	Un ome, un bioù, un ase,
A l'entour d'une jassent.	A l'entour d'una jacen.
Que de joye din aqueu lio !	Que de joio ! que de joio !
	Dins aquéu liò !
Fan trio,	Fan un triò,
Auprès dou fio,	E per acò,
Et l'ase fai hi ho !	L'ase respon hi, ho !

turer l'orthographe du vieux bénéficier de S¹ Pierre, une note à laquelle la double signature de MM. Mistral et Roumanille donne presque le caractère d'un manifeste, et qui a en effet dans la question qui

Même système pour *lou galoubé dé Jacintou Morel*. Nous ne parlons pas des pièces supprimées, ni du classement adopté par l'auteur et changé par les éditeurs, nous ne voulons nous occuper pour le moment que de la reproduction du texte, et nous mettons en présence quelques fragments pris dans l'édition de 1828 (*) et dans celle publiée par MM. Mistral et Roumanille (**).

Texte de 1828.	Texte de 1862.
OU ROUSSIGNOOU.	AU ROUSSIGNOU.
Coublés. — Air: *Je l'ai planté, je l'ai vu naître.*	
Bel ousséou, ma voix té saludou;	Bel aucèu, ma voues te saludou :
Gloire à toun retour benfésen !	A tu bonjour e bon toustèms !
Chascun té dèou la benvengu- [dou,	Chascun te dèu la benvengudo,
Car siés lou courrié dòu printem.	Car sies lou courrié d'òu prin- [tèms.
Sé cantés dessous la verdurou,	De l'ourquèstro de la naturo
Tout, per t'òuzi, béou soun halen;	O musicaire proumieren,
De l'orchestrou dé la naturou	Se cantes soutou lo verduro,
Tu siés lou prémié musicien.....	Tout, per t'ausi, béu soun alén...,
Saraï sous lei mémé platanou;	Sarai souto la memo ramo :
Se sieou absèn, à toun retour,	Se siéu absènt, à toun retour,
Ah ! consacre un chant à mei ma- [nou,	Ah ! counsacro un cant à moun [amo.
Et pensou qu'aï perdu lou jour.	E pènso qu'ai perdu lou jour.

Ab uno disce omnes ! et voilà comment on réimprime nos auteurs ; comment, au besoin, on se crée des autorités !

* Avignon, Bonnet fils, 1828.
** Avignon, 1862.

nous occupe une importance capitale qui nous détermine à la reproduire en entier :

« La suppression totale des lettres étymologiques conduirait à la destruction de la langue provençale et à Babel. D'ailleurs le peuple, dans ses paroles quotidiennes, nous donnerait des démentis formels et toute filiation avec notre vieille langue romane serait rompue. »

C'est parler d'or ! On pourrait penser aussi bien, mais il serait certes difficile de mieux dire ; seulement si la suppression totale des lettres étymologiques doit amener la destruction de la langue provençale, il nous semble que leur suppression partielle doit altérer cette langue, rompre la filiation avec la langue romane, au moins pour les mots qui auront subi cette mutilation. Ou les lettres étymologiques sont inutiles et alors pourquoi s'en embarrasser, ou elles sont nécessaires et alors pourquoi les supprimer dans certains mots ?

« Nous avons eu lieu de remarquer que Saboly tantôt adopte tantôt rejette certaines lettres étymologiques. En présence de ces contradictions, fidèles à notre système de mettre notre auteur d'accord avec lui-même, nous avons pris le parti de faire toujours ce qu'il a fait souvent : de rétablir partout où elles étaient les lettres étymologiques *douces* et qui ne dénaturent pas la prononciation comme les *d*, les *m*, les *p*, les *s*, les *t* : *blad*, *fum*, *trop*, *tros*, *esprit*.... d'écarter au contraire toutes les lettres *dures* ou qui dénaturent la prononciation comme les *c*, les *ch*, les *k*, les *r*, etc.: *trauc*, *nuech*, *cuechs*, *lavadour*, *sadoul*, *escrichs*. Voici la seule exception : dans les mots tels que *blanc*, *long*, *franc*, *sang*, nous avons avec Saboly conservé, quoique dures, les lettres étymologiques, parce qu'ici elles ne peuvent nullement vicier la prononciation, mais encore parce que le peuple les fait souvent sentir : *un long oustau, un franc ami, à sang e aigo, de ped e d'ounglo, fioc e flamo,* etc., etc. »

Cette préférence pour les *faibles* part d'un bon naturel, mais les *fortes* sont au moins autant étymologiques que les autres, pourquoi donc les sacrifier ? Le c dans *trauc* ne sonne pas plus que le *d* dans *blad;* les Troubadours dont on veut conserver la filiation écrivaient *trauc, nuech, cuech, lavador, sadol, escrich,* et le peuple dans ses paroles quotidiennes dit *traucarie, nuech et jour, cuecho, sadoulo,* ce qui est une raison déterminante comme la suite de la note va nous l'apprendre.

« Quelle nécessité d'établir de nouvelles exceptions en faveur de *court,* de *escut,* de *crid* ? Aucune. Cela ne ferait que compliquer l'orthographe provençale. Mais, nous dira-t-on, en français on écrit *écu, cri.* En français les dérivés d'*écu, cri,* sont *écu-yer, cri-er,* tandis que chez nous ces dérivés sont *escud-ié, escud-ello, crid-a...* Quant au mot *cour,* les académiciens ont commis évidemment une inconséquence en supprimant le *t*, puisqu'ils disent *court-isan, court-ois.* Ils l'ont supprimé dans *cour,* et l'ont conservé dans *mort, esprit, fruit !* etc. Quelle logique ! F. M, J. R. » (¹)

---

(1) *Recueil des noëls composés en langue provençale par Nicolas Saboly,* Avignon, Seguin, 1856, in-4º pag. XLII. — Il est vraiment regrettable que dans cette belle édition, que le travail musical de M. Seguin rend inappréciable, on n'ait pas conservé l'orthographe de l'édition princeps faite sous les yeux de l'auteur. Sous prétexte de mettre Saboly d'accord avec lui-même on l'a mis en

Ce n'est pas à nous de défendre la logique de l'Académie française, mais nous croyons devoir prendre acte de cette règle vitale que *les dérivés indiquent la véritable orthographe du radical*, et les exemples que nous venons de citer sont une preuve claire qu'il faut conserver autant les lettres dures que les faibles, car on ne dériverait pas plus *traucar* de *trau* que *cridar* de *cri,* pas plus *sadoular* de *sadou* que *escudier* de *escu*.

Ainsi l'orthographe non étymologique était condamnée d'avance par les hommes dont les écrits pourraient lui donner une vogue éphémère, si l'exagération même de ce système ne devait amener

désaccord avec tout le monde. Cette orthographe éclectique ne reproduit plus celle de l'édition primitive ou des éditions contemporaines ; la comparaison des quelques vers que nous avons cité dans la note précédente avec les passages correspondants de cette édition suffisent pour le prouver ; elle n'est pas plus conforme avec les nombreuses éditions, très-fautives d'ailleurs, qui ont été faites à Avignon ou à Marseille ; pas plus qu'avec l'édition publiée en 1852 par M. Roumanille. Bien plus l'auteur n'est pas même d'accord avec lui-même. Des fragments de plusieurs noëls inédits qui se trouvent dans le manuscrit de la bibliothèque de Carpentras ont été soigneusement recueillis, mais ils n'ont pu voir la lumière qu'après avoir revêtu la livrée de la nouvelle orthographe alors encore un peu timide.

TEXTE du manuscrit.	TEXTE de l'édit. de M. Seguin.
Quinte bugade	Quinto bugado
Avie fach nostre payre Adam	Avié fa noste paire Adam !
Si Diou non l'aguesse lavade	Se Diéu noun l'aguèsse lavado,
Erau ben sencé linge blanc	Erian bèn sènso linge blanc,
Quinte bugade.	Quinto bugado !

Comp. aussi le couplet donné dans la note de la page XII.

promptement sa chute. Etait-ce celle des Troubadours, puisqu'il faut toujours revenir à cette prétendue identité ?

La condition essentielle d'une orthographe phonétique c'est qu'à chaque son corresponde un signe, de telle sorte que jamais la même lettre ne doive être prononcée de deux manières différentes et que jamais le même son ne soit représenté par deux lettres. Sans cette condition la transcription de la parole serait dans une foule de cas livrée au caprice d'un prote ou d'un copiste. Or il suffit pour s'assurer qu'il n'en était pas ainsi d'ouvrir le traité de rhétorique composé par les mainteneurs du collége du *gay saber*. On y voit en effet que les cinq voyelles correspondent en réalité à onze intonations différentes et que le sens de certains mots change suivant le son de la voyelle, ainsi *pes* (pied) s'écrivait exactement comme *pes* (poids), mais le premier exigeait un son plein tandis que l'autre se contentait d'une demi-intonation ; ils étaient pleni-sonnants et semi-sonnants comme on disait alors (¹). Quant aux consonnes, pour ne citer que quelques exemples, *b* et *p* avaient le même son à la fin des mots, de même que *c* et *g* ; *l* et *r* étaient tantôt durs et tantôt doux ; *ti* suivi d'une voyelle prenait le son de *ci*, *dictio*, ou conservait celui du *t* comme dans *guerentia* ; la diphtongue que nous prononçons *aou* s'écrivait indifféremment *al* ou *au* sans que sa pro-

---

(1) Enpero de ce que la vocals muda lo so, tantost se varia le significatz coma : *pes* am quom va, *pes* am quom pesa. Le premier es plenissonans, le segons semissonans. *(Las leys d'amor*, I, 16). Consulter d'ailleurs toute cette partie, fort instructive pour la prononciation de l'époque.

nonciation changeât, et le dictionnaire des rimes qui accompagne le *Donatz proensals* ajoute après la série des mots en *altz: et totz los podes virar in autz* (¹). Cette observation s'applique également aux mots en *al*, car les *tz*, bien que s'écrivant, ne se prononçaient pas. *Fierabras*, un des romans les mieux rimés, sans aucun doute, en fournit de nombreux exemples :

L'almiran chay a terra, mas tost es sus sali*tz;*
Per desotz l'emperayre a son caval auci*t.*

L'almiran fo pus grans que Karle un palma*t*
Los escuts d'ambedos son rotz e detrenca*tz.*

(*Fierabras).*

L'abas de sent Tuberi.

L'abas de sent Tuberi es pros e gent abi*tz,*
E 'l coms a bonament Dieu e tu obezi*t.*

(*Croisade contre les Albigeois).*

---

(1) *Grammaires provençales* publiées par M. Guéssard, pag. 41. « *Altre*, de l'ancienne langue, vient du
» latin *alter*, et conserve sous cette forme son ortho-
» graphe étymologique ; mais les peuples qui de *alter*
» formèrent *altre*, ne faisaient pas entendre *l*, dans *al*,
» et donnaient à cette combinaison orthographique le
» son de *ô*. Sans doute, plus tard, la combinaison *al* a
» fait place à la combinaison *au* ; ce fut un essai pour
» conformer l'orthographe à la prononciation ; mais, de
» rechef, on se trouve embarrassé pour figurer le son
» qui s'entend dans la première syllabe de *autre*, et l'a-
» doption de *au* n'est que la substitution d'une conven-
» tion à une autre. » LITTRÉ, *Dict. de la langue française*, préf. XIII et XLII. Les deux formes se rencontrent concurremment dans les Troubadours :

Que totz es *autres* qu'anc no fon,
Qa'en *altra* terra en moria.
(B. DE VENTADOUR: *Peyrols, tuit sel que).*

L'*n* à la fin des mots n'était le plus souvent, comme l'*m* latin, que l'indication de la nasalité de la voyelle précédente. Aussi on l'écrivait ou on la supprimait à volonté, et voilà pourquoi on trouve indifféremment *pelegri* et *pelegrin*, *vi* et *vin*, *jardi* et *jardin*, *Avinho* et *Avinhon*, et ces mots rimaient très-bien entre eux que l'*n* fût écrite ou non (¹).

> Un pelisso vestit tot nou, ermin,
> Ben entalhat ab bestas de marmori ;
> Afiblet un mantel frecs, sembeli,
> La voltura d'un pali vermeilh, polpri ;
> Am bela orladura d'un ufarin.......
> *(G. de Rossillon).*
> Evangelis et orazos,
> Respos e versetz, e lissons.
> *(Flamenca).*

L'*s* qui servait à distinguer les cas directs des cas obliques, les sujets des régimes, s'écrivait mais ne se faisait pas plus sentir que celle qui caractérise les pluriels français. Evidemment si cette lettre avait été prononcée, les grammairiens n'auraient pas eu besoin d'insister pour qu'on l'écrivît, et les soins qu'ils se donnent pour défendre cette lettre sont une preuve convaincante que la parole n'en avait cu-

---

(1) Per aver mais d'entendemen vos vuoil dir qe paraulas, i a don hom pot far doas rimas aisi con : *leal, talen, vilan, chanson, fin.* Et pot hom ben dir, qi si vol : *liau, talan, vila, chanso, fi.* Aisi trobam qe o an menat li trobador. (R. Vidal, *Las rasos de trobar.* Dans Guéssard, 85). La poésie populaire a gardé beaucoup de traces de cette prononciation qui s'est conservée en Gascogne. On en trouvera plusieurs exemples dans notre recueil. V. not. i, 146, 149 ; ii, 74, 84.

re. Or écoutons Raymond Vidal : « Si on disait :
» *lo cavalier es vengut*, ou *mal mi fes lo caval,*
» ou *bon sap l'escut*, ce serait mal dit car le nomi-
» natif singulier doit s'allonger (prendre l's) bien
» qu'on dise habituellement : *pus vengut es lo ca-*
» *valier*, ou *mal mi fes lo caval*, ou *bon sap l'escut*
» ..... Comme les nominatifs singuliers sont *moins*
» *familiers* que tous autres à ceux qui n'ont pas
» le bon parler, je vous en donnerai des exemples
» pris dans les Troubadours. (¹) » Guillaume Molinier, quoique toujours pédant, n'est pas moins ex-
plicite. « Après avoir vu les articles des cas, dit-il,
» il est temps de traiter de leur terminaison et par-
» ticulièrement du nominatif et du vocatif singu-
» lier et pluriel, car on pèche plus souvent dans
» ces nominatifs et vocatifs qu'on ne le fait sur les
» cas obliques. Ce qu'il y a de plus difficile à savoir
» et à connaître dans cette science c'est la distinc-
» tion des cas, principalement pour un laïque. Ce-
» pendant nous voyons certains laïques qui réus-
» sisssent à faire des compositions en roman aussi
» bien et même mieux que les clercs. Il y a à cela
» deux raisons.... La seconde est qu'ils ont l'usage
» des cas et d'un langage correct et en bon roman,
» dont ils ont acquis la connaissance par les anciens
» écrivains dans cette langue, c'est à dire par leurs
» compositions qu'ils lisent souvent. (²) » Ainsi

---

(1) Si om dizia : *lo cavalier es vengut*..... mal seria dich, qel nominatius singular alongar si deu, si tot hom dis per us : *pus vengut es lo cavalier*..... et per so car li nominatiu singlar son plus salvatge a cels que non an la drecha parladura qe toz los autres, et darai vos en semblanz dels trobadors. (RAYMOND VIDAL, loc. cit., pag. 74 et 77).

(2) *Las leys d'amor*, tom. II, 154.

voilà encore une lettre qui s'écrivait et ne se prononçait pas, dont la *lecture* seule révélait l'existence et enseignait l'usage.

D'autres étaient tellement sourdes qu'on pouvait les considérer comme muettes. « *Temps* et *essems*, » disent *las leys d'amor*, s'accordent très-bien pour » le son car *p* dans *temps* ne se fait sentir que peu » ou point. *Petit ans no resona*. (¹) » Cette observation s'applique surtout à la syllabe qui termine la troisième personne du pluriel des verbes qui était tellement muette que, dans la poésie narrative, elle ne comptait pas dans le mètre chaque fois qu'elle tombait à la fin du vers ou à la césure (²).

Li sant lo conortava*n* mays ren non lur valia....
Li duy romieu lur compta*n* tot l'esdeveniment.
(Vida de sant Honorat).

E los clercs aucizia*n* li fol ribautz mendics.
(Albigeois).

Cela nuh albergere*n* jos en la prada.
(G. de Rossillon).

Guillems e l'ostes s'en issiro*n*
En un vergier, d'aqui auziro*n*
De vas la vila las cansons,
E de foras los ausellons.
(Flamenca).

Ces terminaisons muettes s'écrivent exactement comme d'autres qui pourtant sonnaient en plein et

---

(1) *Las leys d'amor*, tom. 1, 33.
(2) Voir ce que nous avons dit de la *coupe féminine* dans l'introduction de notre premier volume, p. xxxiij.

par conséquent comptaient dans la mesure quelle que fût leur place dans le vers.

> Trastuit nut s'en isiron a coita d'esper*on*. (¹)
> *(Albigeois).*

> Tempesta d'aquil*on* es syroc el labech.
> *(Sant Honorat).*

> xx. et .ij. aus s'en *van* aisi viv*an*
> Entro a una festa, karesme intr*an*,
> Que om basti quintana gran, esfors*an*.
> *(G. de Rossillon).*

Les combinaisons de lettres *em*, *en*, avaient le plus souvent la prononciation qu'elles ont dans la langue provençale actuelle, mais souvent aussi elles prenaient celle qu'elles ont en français. Nous citions tantôt un passage de Raymond Vidal qui disait que *talen* faisait deux rimes *talen* et *talan*; les scribes adoptaient habituellement cette dernière forme dans le cas où la syllabe *en* devait sonner *an*, c'était une facilité pour le lecteur; mais souvent aussi ils conservaient l'orthographe régulière bien qu'évidemdemment la prononciation dût être différente :

> Don refresquet la ira e lo masans
> E la guerra mortals que tenc loncs *tems*.
> *(G. de Rossillon).*

> La dompna los vassals vit burdissan
> E membret-lhi de lonh del noirim*en*
> De .G. que soliar far issaman.
> *(Ibidem).*

---

(1) Ce vers offre le double exemple de la syllabe *on* s'élidant à la césure et comptant à la fin du vers.

Cette forme qui se retrouve dans plusieurs de nos chants, au point de leur donner quelquefois une physionomie française, est une preuve frappante qu'ils remontent à une antiquité fort respectable, et l'on pourra remarquer en effet qu'on la rencontre surtout dans celles de ces compositions qui, par leurs autres caractères, paraissent s'éloigner le plus de notre époque (¹).

Que le lecteur nous pardonne ces détails ; les détails seuls peuvent jeter de la clarté sur les questions de linguistique et ceux-ci étaient d'autant plus nécessaires qu'il s'agissait de quelque chose de fugace, de variable, de mobile, de la prononciation en un mot. Ils étaient indispensables pour bien établir que les Troubadours ne prononçaient pas toutes les lettres qu'ils écrivaient, que ces lettres n'avaient pas dans tous les cas le même son, que par-conséquent leur orthographe n'était pas phonétique et que partant elle n'avait rien de commun avec l'orthographe qu'on voudrait imposer à la langue provençale.

Il faut convenir que nous sommes, nous pauvres sectateurs de l'orthographe étymologique, dans une position fort embarrassante. D'un côté on nous excommunie parce que nous ne suivons pas les errements des Troubadours, de l'autre on nous repousse parce que nous introduisons dans les mots écrits des lettres qui ne se prononcent pas *afin d'imiter*

---

(1) Voir un exemple remarquable de cette forme dans le premier chant de ce volume. Conf. tom. 1ᵉʳ, pag. 42, 64, 156, etc.

nos aïeux (¹). Or ou ceux-ci écrivaient, comme nous, ces lettres et alors que devient le reproche de M. Anselme Mathieu, ou bien ils faisaient concorder autant que possible leur orthographe et leur prononciation et alors sur quel fondement reposent les objections de M. Marius Trussy ? Nos contradicteurs feraient bien, il nous semble, de mettre un peu plus de conformité dans leurs arguments et aussi dans leur orthographe. La comparaison de *Margarido* et de *Mirèio* est, en effet, la démonstration la plus solide que nous puissions donner de l'inanité d'une orthographe phonétique. Les deux auteurs ont la prétention d'écrire chacun la langue provençale comme on la parle. Qu'on rapproche donc les deux poèmes et l'on verra à quelles aberrations peut conduire un pareil système orthographique. Et cependant le poème de M. Trussy est essentiellement provençal, plus provençal que *Mirèio*; plus provençal pour la langue, car au fond, tandis que M. Mistral poétise tout, l'auteur de *Margarido*, réaliste au moins comme une peinture de Courbet, n'a vu que le côté vulgaire et quelquefois un peu grossier de notre chère Provence; aussi malgré une verve et un entrain fort remarquables, n'a-t-il produit qu'une œuvre superficielle qui ressemble à *Mirèio* à peu près comme Scarron ressemble à Virgile.

Si d'ailleurs la langue provençale voulait se retremper à sa source, si, comme Antée, elle avait besoin pour retrouver ses forces de toucher le sein de sa mère, ce n'est pas vers les Troubadours qu'elle devait remonter.

La langue que ceux-ci écrivirent, langue toute

---

(1) MARIUS TRUSSY, *Margarido*, poème en vers provençaux, 366.

conventionnelle, entendue dans les châteaux des bords de l'Océan à ceux du Var, de la Loire aux Pyrénées, n'a jamais été parlée nulle part et surtout en Provence (¹). Cette dernière assertion pourra paraître paradoxale après les affirmations contraires si souvent répétées, après l'affectation de poètes provençaux de tous les temps à s'appeler troubadours, comme si leur muse était une parvenue à qui il fallait créer des aïeux. Mais les textes sont là, et des textes formels, pour l'établir. Raymond Vidal de Besaudun, ce troubadour qui avait une érudition si délicate et si complète de sa langue, Raymond Vidal après avoir énuméré toutes les régions où on entend la langue dont il trace les règles, ajoute : « Dans tous les pays de notre langage les chants » en langue limousine sont de plus grande autorité « que ceux d'aucun autre idiome, c'est pourquoi je » vous enseigne que quiconque veut écrire doit être » très-familier avec le parler limousin (²). » C'est en effet cet idiome qui dans les trois grammaires qui nous restent est le criterium servant à résoudre les cas douteux. Si donc la langue des Troubadours a jamais été parlée quelque part ce serait sur les bords de la Vienne, et de fait le nom de langue limousine qu'elle a toujours porté en Espagne et en Italie semble venir à l'appui de cette opinion.

(1) Le provençal littéral, tel que l'écrivirent les poètes du XIIIe siècle, put être et fut probablement parlé dans les petites cours du Midi, mais il ne le fut certainement jamais par le gros du peuple. (FAURIEL, *Hist. de la poésie provençale*, 1, 232). Conf. CAMBOULIU, *Essai sur l'histoire de la littérature catalane*, 13.

(2) Per totas las terras de nostre lengage so de maior autoritat li cantar de la lenga Lemosina que de negun' autra parladura..... per q'ieu vos dic que totz hom qi vol trobar ni entendre deu aver fort privada la parladura de Lemosin. *(Las rasos de trobar,* dans GUËSSARD, 74).

Mais nous pressentons une objection. Bien que les poétes se servent habituellement des mots *lenga romana* et par abréviation *romans* ils ont quelquefois employé ceux de langue provençale, et une des grammaires publiées par M. Guéssard porte le titre de *donatz proensals ;* donc la langue des Troubadours était celle de la Provence. Nous n'avons pas affaibli la difficulté car il nous en coûterait de dépouiller, sans motifs suffisants, notre patrie de l'auréole poétique qui la couronne. Le nom de Provençaux, à l'époque des Croisades, ne s'appliquait pas seulement aux habitants du comté de Provence mais bien à tous les peuples de la France méridionale. « Tous ceux de Bourgogne, d'Auvergne, de Gas- » cogne et de Gothie sont appelés Provençaux, les » autres portent le nom de Français, dit Raymond » de Agilers (¹). » Une histoire abrégée des Frères Prêcheurs recueillie par Dom Martenne qualifie de provençal le pape Urbain V né dans le Gévaudan (²), et l'on sait que la *langue de Provence* de l'ordre de Malte comprenait tout le Midi de la France actuelle. Raimond de Miraval dans une tenson publiée par Raynouard soutient que les Provençaux sont plus vaillants que les Milanais car ils ont arraché leur patrie à Simon de Montfort pour la rendre à leur souverain légitime, ce qui ne peut évidemment s'appliquer qu'aux habitants du comté de Toulouse (³).

---

(1) Omnes de Burgundia et Alvernia et Vasconia et Gothia Provinciales appellabantur, ceteri vero Francigenæ. (RAY. DE AGILES, *Hist. hierosol.*, in *Gesta Dei per francos.*

(2) *Thesaurus anecdotorum*, tom. III. Conf. *Hist. du Languedoc* de Vaisette, tom. II, 246 ; additions des Bénédictins au *glossaire de Ducange* v° *provinciales*.

(3) RAYNOUARD, *Choix des poés. origin. des Troubadours*, v, 74.

Ainsi le mot de Provence était un nom collectif, souvenir de l'ancienne *provincia romana*, qu'on opposait à la France du nord, et poésie provençale ne signifiait pas autre chose que poésie écrite dans la langue des poètes du Midi. Cela est si vrai que le plus grand nombre des troubadours, et les plus fameux, ne sont pas provençaux, et que Fauriel a écrit une histoire de la poésie provençale où, à l'exception du seul Rambaud de Vaqueiras, ne figurent que des Troubadours nés hors de la Provence. Ainsi les témoignages contemporains restent avec toute leur force et si l'on veut retrouver la langue des Troubadours, c'est dans le Limousin qu'il faudra le chercher; et là encore il faut distinguer la langue littéraire de la langue usuelle, celle qui était écrite de celle qui était parlée, car, dit le secrétaire du collège du *gai-saber*, « en Limousin on se sert
» beaucoup de mots étrangers, biaisés, coupés et
» vicieux, et quoiqu'on les dise en Limousin on ne
» les emploie pas pourtant dans les composi-
» tions (1). »

Le même fait se retrouve en Provence. Un provençal vulgaire, parlé, écrit même, existait à côté de la langue qu'employaient ces poètes errants courant de châteaux en châteaux, partout où les attirait l'espoir d'une récompense, l'attrait du plaisir ou les entraînements d'une vie vagabonde Ancelme de Mostiers, fils de Jacme riche citoyen d'Avignon, fut, d'après J. de Nostre-Dame, « bon poete en tou-
» tes langues et mesmes en la nostre vulgare pro-
» uensalle (2). » Raymond Feraud explique les ir-

---

(1) Quar en lemozi ditz hom granre de motz estranhs, biaysshatz, trencatz e mal pauzatz, que ges per aquo quar son dig en lemozi no los aparia hom en dictatz. (*Las leys d'amor*, II, 404).

(2) *La vie des plus célèbres et anciens poètes provençaux*, pag. 244.

régularités apparentes de sa langue par cette circonstance qu'il n'écrit pas le *pur provençal*, et cependant qui mieux que Raymond Feraud, né au pied des Alpes, ayant passé presque toute sa vie à la cour de Charles le Boîteux et de Robert, était dans le cas d'écrire en pur provençal, si ce pur provençal avait été réellement la langue parlée dans le comté de Provence. Il y avait donc en Provence, en dehors de la langue qu'écrivirent les poètes, un idiome, plus pauvre peut-être, moins élégant nous l'accordons, mais qui était parlé par la nation; et si l'on veut remonter à l'ancien provençal ce sont les traces de cet idiome qu'il faut rechercher. Elles sont peu nombreuses, il est vrai, parce que les prosateurs qui auraient pu l'employer sont rares à cette époque, mais il est une mine qui n'a pas été exploitée à ce point de vue et qui certainement fournira des richesses aussi nombreuses qu'inattendues. Ce sont nos archives, qui conservent une foule de titres écrits en provençal ou traduits à l'usage du peuple : *e quar cumenalmentz li maiers partz dels homes daquellas universitatz entent mieills romans que latin, jeu ditz notaris a la requizition dels davant ditz P. Bisquerra e R. de la Font la davant dicha compozition de latin trasportiei en aquest romans al mieills qu ieu puec ; et si deguna cauza ya a corregir que non sia ben romansada josta lo latin, non mo tenrai a mal si deguns mo esmenda, quar en obra humana non a deguna cauza complida* (¹). Il suffit de se rappeler toutes

---

(1) Transaction entre la commune de Manosque et les hospitaliers de S*t* Jean de Jérusalem du 31 août 1293 *(Livre des privilèges aux archives de la commune de Manosque).* Les diverses histoires municipales publiées dans ces derniers temps fourniraient des éléments nom-

les difficultés que présente la parfaite intelligence de la langue des troubadours, avec sa phraséologie embrouillée, avec ses inversions inextricables, pour être persuadé qu'elle n'a jamais pu être à la portée de populations grossières et sans culture; et si d'un autre côté on se souvient combien sont facilement compris les titres en langue romane, combien ils se rapprochent de notre provençal, on sera convaincu que la langue *lemosine* différait essentiellement de la langue vulgaire et que c'est celle-ci qui, par une dernière transformation, est devenue le provençal de Provence.

Un examen, même superficiel, de ces titres suffit pour faire voir que les dialectes nombreux qui aujourd'hui différencient d'une manière si tranchée les diverses régions de la Provence n'existaient pas alors, et que la langue parlée à Toulon, à Marseille ou à Arles était la même qu'on entendait dans les vallées des Alpes et à très-peu près dans tout le Midi. Cette observation met en lumière un fait qui paraît singulier au premier aperçu : tandis que les divers dialectes de la langue romane du Nord se rapprochaient, se réunissaient, se fusionnaient de manière à devenir la magnifique langue du siècle de Louis XIV, ceux de la langue romane du Midi se séparaient, se désagrégeaient, s'émiettaient de manière à arriver à cette multitude de patois qui dis-

breux pour cette étude, ainsi que les divers commentaires sur les statuts de Provence, ces statuts ayant été pour la plupart rédigés en provençal. Malheureusement cette dernière source n'est point pure, l'orthographe primitive n'ayant pas été scrupuleusement suivie dans ces publications. Une transcription exacte du registre *potentia* aux archives des Bouches-du-Rhône, jetterait un grand jour sur la question.

tinguent aujourd'hui chaque commune, quelquefois même chaque quartier de la même bourgade. Ces deux résultats si différents ne sont pourtant que la conséquence du même fait. En même temps que l'unité politique, l'unité de langage se formait en France. Chaque province qui se rattachait à la couronne apportait son contingent de mots et de tournures, et si le dialecte de Paris, devenu capitale réelle d'un royaume, a prévalu, c'est après s'être enrichi des dépouilles des autres dialectes. Le même génie qui achevait la ruine de la féodalité créait l'Académie française *pour établir certaines règles de la langue et rendre le langage françois non seulement élégant mais capable de traiter tous les arts et toutes les sciences*. Et voilà pourquoi la langue française n'a été faite que quand le grand Richelieu eut fait la France monarchique, pourquoi le génie de Montaigne n'est pas parvenu au résultat qu'atteignirent si facilement un demi-siècle plus tard Balzac, Voiture ou Coeffeteau. Le même fait devait avoir, et eut en effet, un résultat inverse dans les pays de la langue d'oc. La Provence, malgré les précautions testamentaires de son dernier comte, avait perdu son autonomie. Sa langue, que ses Etats avaient toujours parlé, n'eut plus d'existence officielle. Le ciment qui constituait la force de sa rivale triomphante lui faisait défaut. Son ancienne cour n'était plus là pour donner le ton ou devenir l'arbitre du langage, on n'entendait plus que la langue française dans le palais de ses comtes occupé par le gouverneur. Le provençal, qui n'avait presque jamais été écrit, se trouva donc livré sans défense à toutes les influences de climat, de localités, de voisinage qui peu à peu le décomposèrent en cette multitude de langages divers qui, bien qu'ayant un fonds commun, présentent aussi des différences caractéristiques et qui, comme les nymphes ciselées sur les portes du palais du soleil, ont des physionomies diverses tout en conservant un air de famille :

Facies non omnibus una est,
Nec diversa tamen, qualem decet esse sororum. (¹)

Peut-on espérer, au milieu de cette diversité infinie d'idiomes, d'arriver a une unité orthographique? Evidemment non si on veut conserver à chacun sa physionomie, traduire exactement par des lettres les innombrables variétés de leurs intonations, car l'anarchie de la langue écrite n'aurait guère d'égale que l'anarchie de la langue parlée; et quelle force, quelle durée peut avoir un langage ainsi désagrégé, monceau de sable mouvant que le vent emporte ou amoncèle au hasard sans qu'il puisse jamais acquérir la cohésion qui lui donnerait la fertilité. On a tellement senti cette vérité que les éditeurs des œuvres collectives publiées dans ces derniers temps ont soumis à une orthographe uniforme toutes les pièces qui composent leur recueil, « afin de ne pas donner » au public l'exemple peu édifiant d'une véritable » Babel orthographique. (²) » Or, on ne saurait le dissimuler, les divers ouvrages publiés en provençal présentent en ce moment ce spectacle anarchique, état de choses d'autant plus regrettable que jamais à aucune époque la littérature provençale avait réuni un nombre aussi considérable de talents distingués. Ainsi, sans parler de cette école avignonaise dont quelques travers ne sauraient obscurcir la valeur et qui a le mérite incontestable, et très-grand à nos yeux, d'avoir prouvé par des exemples éclatants

---

(1) Ovidii Nasonis, *Metamorphoseon*, lib. ii, fab. i.
(2) *Roumagi deis troubaires*, publié par J.-B. Gaut, pag. xlix.

que notre langue peut être décente et de bonne compagnie, sur tous les points du vieux sol de la Provence naissent et s'épanouissent des fleurs poétiques aussi élégantes que parfumées. Bellot, Bénédit, Bénédit surtout si profondément marseillais d'esprit et de langage, Victor Gelu dont les excentricités ne peuvent masquer la virtualité énergique, Casimir Dauphin au sentiment si mélancolique et si vrai, Dastros qui pensait et écrivait avec tant de bon sens, et tant d'autres dont les noms se pressent sous notre plume et que nous sommes forcés de passer pour arriver à notre but, font à notre pays une glorieuse couronne poétique. Malheureusement autant d'auteurs autant d'orthographes, et le lecteur provençal, désorienté au milieu de tout ce désordre, se demande si cette langue qui se présente à lui sous des aspects si divers, si cette langue que dans bien des cas il ne comprend qu'à l'aide de la traduction, est bien la langue qu'il bégayait au sortir du berceau. A ce mal très-réel il faut un remède efficace. Un seul se présente : remonter jusqu'à l'époque où la différence des dialectes était moins tranchée, où la langue n'était pas décomposée dans cette multitude d'éléments qu'elle offre aujourd'hui. Mais ce n'est pas à dire pour cela qu'il faille reculer jusqu'aux Troubadours. Leur langue, nous l'avons prouvé, n'a jamais été celle de la Provence, et la langue qu'on parlait de leur temps dans notre pays n'était pas celle que nous parlons aujourd'hui. Dans le cours du XVe siècle une révolution qui pour s'être opérée lentement et sans bruit, n'en fut pas moins réelle, avait profondément modifié la physionomie du langage. La distinction des cas directs et des cas obliques au moyen d'un signe particulier ou de flexions diverses s'était effacée et avait été définitivement remplacée par l'usage des prépositions (¹). Ce simple changement avait suffi pour faire du provençal une langue complétement analytique ;

(1) Quand on avait un moyen graphique pour distinguer le sujet du régime, on comprend qu'on se passait des prépositions indispensables aujourd'hui. Ainsi on disait très-bien, *don so lhi capitol vermeilh sadoine*, pour exprimer : les chapitaux sont de sardoine vermeille; *ben entalah a l'obra rei Salomoine*, pour : bien taillés comme dans l'œuvre du roi Salomon ; *lo fils sancta Maria*, pour : le fils de sainte Marie. Après que l'ancienne règle de l's eut disparu, cette forme de construction persista longtemps encore et on la trouve même dans un sonnet de La Bellaudière : (¹)

Dau jour sant Bourtoumio venguet un pa ta tan.

Quant aux noms dont les cas étaient déterminés par une flexion particulière, les deux formes ont presque toujours persisté mais en perdant leur valeur de position, ainsi on dit indifféremment *laire* et *lairon*, *lavaire* et *lavadour*, *travalhaire* et *travalhadour*; quelquefois aussi chacune des formes a pris une acception particulière, ainsi la forme régime *peccador* s'est conservée avec sa signification, et la forme sujet *peccaire* est devenue cette espèce d'interjection dont la langue provençale fait un usage si fréquent et si remarquable; *pescadou* et *pescaire* ont eu entre eux une nuance, le premier signifiant celui qui fait de la pêche sa profession et le second celui qui s'y livre pour son amusement. Quelquefois enfin une seule des deux formes a été conservée et alors c'est le plus souvent la forme du nominatif qui est préférée, ainsi *poudaire*, *penchinaire*, *mangeaire*, etc. Les exceptions ne sont qu'apparentes et proviennent des mots français qui se sont infiltrés dans le provençal : ainsi *toundur*, *foundur*, *sant Sauvur*, *emperour*, etc. sont des mots français provençalisés et les formes régulières seraient *toundeire*, *foundeire*, *sant Sauvaire*, *emperaire*, dont quelques-unes subsistent concurremment avec les premières et dont les autres sont complétement tombées en désuétude.

* *Obros et rimos*, pag. 49.

en rendant presque impossible les inversions qui ofrent les images dans l'ordre naturel de la sensation, il avait fait triompher la construction directe qui présente les objets dans l'ordre logique de la pensée et avait donné au langage une clarté et une précision qui lui avait manqué jusque là. Le roman était fini, le provençal lui avait succédé.

« Depuis deux siècles, dit M. Villemain, la lan-
» gue française est la même, c'est à dire également
» intelligible quoiqu'elle ait beaucoup changé pour
» l'imagination et le goût. C'est ainsi seulement
» qu'une langue est fixée. Jusqu'aux premières an-
» nées du règne de Louis XIV, la nôtre ne l'avait
» pas été; car, de siècle en siècle, les mêmes choses
» avaient besoin d'être récrites dans le français nou-
» veau, qui devenait bien vite vieux et chenu. (¹) »
Ce phénomène remarquable d'une langue parvenant à sa virilité s'était opéré au moins un siècle plus tôt pour le provençal. Les écrits du xvi⁰ siècle sont aussi intelligibles pour nous que ceux de nos jours, les règles syntaxiques sont les mêmes, les formes sont identiques ainsi que le vocabulaire, sauf un petit nombre de mots qui sont devenus vieux et chenus. C'est donc là qu'il faut remonter pour retrouver la vraie langue provençale, là qu'il faut rattacher sa tradition. Malheureusement les écrits de cette époque, au moins ceux qui sont imprimés, sont rares, et après le *Ludus sancti Jacobi*, les *Chansons en langaige prouensal*, le *Catalogue des villes de Provence* d'Antonius Arena (²), et quelques pièces

---

(1) Préface de la 6ᵉ édition du *Dictionnaire de l'Académie française*, pag. VIII.

(2) ARENA, *Meygra entreprisa*, etc.; édition publiée par N. Bonafous, 1 vol. in-18, Makaire, 1860, et formant le 2ᵉ vol. de la *Bibliothèque provençale*.

justificatives dans les histoires locales, force est de descendre jusqu'à La Bellaudière, c'est à dire jusqu'à la dernière moitiée du xvi° siècle, pour avoir des exemples. Mais en dehors des œuvres écrites ne peut-on espérer de retrouver cette langue? *A priori* on peut présumer que si elle s'est conservée quelque part ce sera dans un canton dont les relations avec le reste du pays sont difficiles et où par conséquent les altérations par le contact ont dû être plus rares. Les vallées des Alpes répondent admirablement à cette condition. Isolées du reste de la Provence par des montagnes presque inaccessibles, couvertes une partie de l'année par une épaisse couche de neige qui confine les habitants dans leurs étables, séparées entre elles par les mêmes accidents naturels, ces vallées ont conservé les mœurs, le costume de leurs anciens habitants. Pourquoi n'en auraientelles pas conservé la langue, moins subordonnée dans son ensemble aux caprices de la mode que la coupe d'un habit ou le choix d'une étoffe. De fait si on compare la langue parlée dans les vallées de l'arrondissement de Barcelonette avec celle des contrats et des écrits du xv° siècle, on trouve entre elles une similitude complète pour la grammaire et pour le vocabulaire. C'est donc là et non sur les bords du Rhône qu'il faut chercher la véritable langue provençale [1]. Les conditions géographiques de cette dernière région sont en effet toutes différentes : placée le long de la grande artère qui de tout temps a réuni le Nord et le Midi, touchant au Languedoc

---

[1] La Haute-Provence, à cause de son isolement, a plus fidèlement conservé les vieilles traditions. ROUMANILLE, *de l'orthographe provençale*, en tête de *la part dau bon Diéu*, pag. xxiv. édit de 1853. Cette dissertation n'a pas été reproduite dans le recueil des œuvres de l'auteur.

depuis longtemps réuni à la couronne de France et à Avignon où, depuis le séjour des Papes, affluèrent tant d'italiens, elle est en réalité la partie la moins provençale de la Provence, celle où les influences du dehors ont laissé les empreintes les plus profondes, et si les femmes sont restées fidèles à cette gracieuse coiffure qui ravit tous les étrangers, c'est qu'elle s'harmonise si bien avec le profil grec des belles arlésiennes que la coquetterie l'a emporté même sur l'attrait de la nouveauté.

Est-ce à dire pour cela qu'il faille adopter la prononciation de nos *gavots*, qu'il faille comme eux faire sonner *les lettres etymologiques les plus ardues et les plus surannées* ? (1) Certes non ; l'écriture et la prononciation sont dans une langue deux forces toujours en lutte. L'une représente le mouvement qui pousse sans cesse en avant, l'autre l'esprit conservateur qui toujours calme et modère ; l'une est l'innovation, l'autre la tradition ; la dernière est l'ordre, la première la liberté, et comme dans l'ordre social la stabilité n'appartient qu'aux institutions nées d'une juste pondération de l'ordre et de la liberté, de même les langues qui auront sagement combiné les données de l'étymologie et celles de la prononciation peuvent seules se promettre de longs jours. Honnorat a dit un mot profond et essentiellement vrai : « écrivez bien, et prononcez » comme vous voudrez. » On a beau par des exemples vouloir prouver que ce système mène à l'absurde, on n'arrivera jamais qu'à établir que ceux qui ne l'ont pas suivi auraient adopté une autre manière d'exprimer leur pensée s'ils s'y étaient conformés. N'est-il pas vrai d'ailleurs que la pronon-

---

(1) ROUMANILLE, *loc. cit.*

ciation française s'est profondément modifiée, sans pour cela qu'on ait eu à changer l'orthographe depuis que la langue est fixée. Qui de nous ne se souvient d'avoir entendu dans son enfance des vieillards faisant sonner en lisant toutes les lettres des subjonctifs et du présent de l'indicatif, dire par exemple *ils étoi-ient, il-emploi-ie, que je soi-ie*, etc. C'était, autant qu'il nous en souvient, ce qu'on appelait *parler gaulois* (1). A-t-il fallu modifier l'orthographe parce qu'on prononce autrement aujourd'hui ? Pas le moins du monde. Ecrivez bien et prononcez comme le veut l'usage. C'est là ce qui se passe chaque jour dans la langue française, c'est ce que nous demandons pour notre langue provençale.

Si maintenant nous reprenons les exemples que nous citions plus haut en comparant l'orthographe des Troubadours à celle de l'école avignonaise, il nous sera facile d'établir, il nous semble, que bien loin d'avoir, de gaîté de cœur, gâté notre œuvre en lui infligeant une espèce d'orthographe fantastique sans racines dans le passé, nous avons au contraire

---

(1) Qu'on ne croit pas que c'était là une prononciation vicieuse, c'était seulement une prononciation surannée. Il n'est pas besoin de remonter même jusqu'à Ronsard et au bon Régnier pour en trouver la preuve, car Molière en fournit encore des exemples :

Ah ! *n'aye* point pour moi si grande indifférence:
(*L'étourdi*, act. II, sc. 7).

Fut-ce mon propre frère il me la *paieroit*.
(*Ibid.*, act. III, sc. 4):

Ce que *voient* mes yeux franchement je m'y fie:
(*Dépit amoureux*, act I, sc. 1).

Et *voient* mettre à fin la contrainte où vous êtes:
(*Ibid.*, act. III, sc. 7).

strictement suivi les préceptes que la critique moderne a établi pour les études de linguistique.

A mesure que le provençal abandonnait ce dernier vestige de la déclinaison latine qu'on a appelé la règle de l'*s*, il généralisait, pour distinguer le pluriel du singulier, un artifice qui était déjà appliqué à tous les mots à terminaison féminine, c'est à dire qu'il ajoutait une *s* au pluriel. Cette révolution qui entraîna avec elle l'emploi des prépositions pour les cas obliques, se fit lentement mais fut complète vers la fin du xve siècle, à l'époque où, avons-nous dit, la langue actuelle fut fixée.

Ainsi on la trouve appliquée dans le *Ludus sancti Jacobi,* qui est au plus tard de 1495 :

    Car los apostols de Jesus
    Fan tantes miracles evidens.

                      (*v.* 266-67).

Dans le *Catalogue des cités, villes et chasteaulx qui sont en Provence* d'Antonius Arena, publié en 1536 : *si lo poble d'aquest pays sabio los bons privileges et status que sum as archieus d'Ays, lous quals an donat les Contes, Princeps, Reys, en la favour, profit, utilitat de tout lou pays, non ex-parnarion or ni argent a lous faire imprima.* (¹)

Dans les *Chansons nouvelles en lengaige prouensal,* imprimées vers 1533 :

    En Prouenso ha vno villo
    Ques pleno de tant de bens
    Tout lo monde y habito

---

(1) *Bibliothèque provençale*, Aix, Makaire, 1860, IIe vol., pag. 119.

> Bonos et maluaysos gens,
> Tous les iours en ven caucun;
> Maudit sia tant de ratun
> Que tant roygon, roygon, roygon,
> Que tant roygou lo comun.
>
> Los capellans fan la danso
> Et roygon tous los permiers,
> An las dens que semblon lanso,
> Roygon plus fort que maunyers,
> Et de luon senton lo fun.
> Maudit sia.....
>
> Toutos gens de toutos sortos
> Capellans et aduocatz
> Toutos gens de raubos cortos
> Toutos gens das tres estatz
> Tous roygon ben lo comun..... (¹)

La Bellaudière qui ferme le xvi⁰ siècle ne manque jamais de distinguer les pluriels par l'addition de l's :

> L'oustau d'au Rey, n'es antat en l'anado,
> Que de Segnours, et Princes de parado,
> Et autros gens braves coumo lapins :
> Dins aquest luoc non intro gens d'espazos,
> May ben Sergens, Bourreaux, et testos razos,
> As presonniers presages trop malins ! (²)

---

(1) *Chansons nouvelles en provençal*, Bordeaux, Lafargue, 1844, pag. 5.

(2) *Le don don infernal, ov sont descrites en langage provençal, les miseres, et calamitez d'vne prison*, par Lovys de La Bellaudière gentilhomme prouençal. Marseille, Mascaron, 1595, pag. 171.

Brueys, Zerbin, qui ouvrent le xvii° siècle suivent scrupuleusement ces exemples, et si plus tard, pour l'exigeance d'une rime, quelques poètes s'en sont affranchis, c'est une licence qu'on ne saurait ériger en règle, d'autant qu'elle n'a sa source que dans la malencontreuse idée de vouloir appliquer à la poésie provençale les lois de la poétique française moderne, triste fruit d'une centralisation littéraire qui devançait et préparait la centralisation administrative.

Nous aussi, suivant les mêmes errements, nous avons écrit tous nos pluriels avec une *s*, parce que sans un signe distinctif le lecteur est trop souvent exposé à s'égarer si les articles lui font défaut. En vain prétendrait-on que le sens est un guide sûr contre l'amphibologie. Dans une discussion regrettable que nous voudrions ne pas rappeler, on a cité un exemple frappant à propos de la devise du maréchal Castellane. Nous ouvrons *Mirèio* et nous lisons :

> Deja, deja vesèn s'encourre
> Ouliveto, palais e tourre. (¹)

Et sans l'aide secourable des *s* de la traduction nous ignorerions si *ouliveto*, si *tourre* sont pluriels ou singuliers.

Dans une jolie pièce de la *Miougrano* de M. Aubanel, qui contient tant de jolies pièces :

> Franc de purgatòri,
> O sant crucifis,
> Baio-nous la glòri
> De toun paradis. (²)

---

(1) *Mirèio*, chant 10, pag. 398.
(2) *La miougrano entreduberto*, pag. 8.

Heureusement des connaissances extrinsèques nous guident car nous serions exposés, rapportant le premier vers au crucifix, de commettre non seulement un contre-sens mais encore une hérésie.

Nous croyons donc, et nous avons pour nous l'autorité de *toutes* les langues néo-latines, nous croyons qu'un signe distinctif des pluriels est indispensable à la clarté de la langue et que le supprimer c'est se jeter de propos délibéré, *à baston plantat*, dans de fréquentes et inexcusables amphibologies.

Dans le verbe provençal il est d'autant plus nécessaire de différencier les nombres et les personnes par des formes orthographiques que celles-là sont caractérisées par des flexions particulières au lieu de l'être, comme en français, par des pronoms que le provençal n'exprime jamais.

La conservation de la syllabe qui portait l'accent tonique est un caractère commun à toutes les langues issues du latin, les autres syllabes étant supprimées ou contractées selon le génie propre de chacune de ces langues. Un des caractères particuliers du provençal est la suppression de la voyelle finale en respectant la consonne qui précède. Ces règles trouvent une application générale dans la conjugaison et doivent en déterminer l'orthographe. Dans les premières personnes du pluriel latin la pénultième étant longue portait l'accent tonique; c'est elle qui a été respectée dans la formation nouvelle et par l'application des règles que nous venons d'énoncer, *amāmus* a dû donner *amam, amabāmus, amavam*, etc. Bien que la combinaison *an* rendît le son final des premières personnes, on conserva l'*m* comme marque d'origine et on la trouve non seulement en provençal, mais dans le roman du Nord où on la rencontre fréquemment dans les plus anciens textes français; mais en espagnol, *a*-

mamos, où la terminaison *os* n'est qu'un affixe euphonique comme l'affixe italien *o, amiamo*. Ainsi dans ce concert de toutes les langues romanes le provençal ferait seul entendre une note discordante si, cédant à un désir immodéré d'innovation, il rejetait l'*m* de la première personne plurielle.

La forme régulière de la seconde personne se terminerait par *ts*, *amātis*, *amats*. Si nous avons adopté le *tz* usité généralement chez les Troubadours c'est qu'il avait l'avantage, sans changer la prononciation, puisque *z* sonne comme *s* et que ces deux lettres sont souvent employées l'une pour l'autre dans les manuscrits, de rappeler la forme française. Or nous croyons qu'au lieu d'élever des barrières entre ces deux langues sœurs, il vaut mieux faire ressortir leurs rapports, leur affinité chaque fois que leur génie le permet ; le provençal ne peut qu'y gagner en clarté parce que nous avons tous l'habitude de lire et d'écrire le français. D'ailleurs le *z* de cette dernière langue n'est lui-même que la contraction du *ts* latin, et nous nous serions bornés à cette lettre, comme le faisaient La Bellaudière et Brueys, si nous avions eu à écrire du provençal moderne et si nous n'avions pas voulu conserver aux plus anciennes pièces de notre recueil la physionomie de leur âge.

La troisième personne présentait dans sa formation une difficulté qu'on a fort ingénieusement tourné. En effet supprimer la syllabe non accentué c'était dans certain temps réduire le verbe à son radical, la conserver c'était déplacer l'accent puisqu'en latin il portait sur la pénultième, tandis qu'en provençal c'est la dernière qui est accentuée pourvu qu'elle soit longue. On se décida donc instinctivement à retrancher seulement le *t* qui termine le mot latin et *amant* devint *aman*. Mais dans beaucoup de cas les syllabes terminées par la nasale sont sourdes, dès lors l'accent conservait sa place primitive et nous avons déjà vu en effet que les troisièmes personnes du pluriel étaient tellement muettes qu'elles ne comptaient pas dans le mètre, qu'elles fussent placées à la césure ou qu'elles terminassent le vers. L'espagnol, l'italien ont levé la même difficulté au moyen du même artifice, et le français tout en conservant l'*nt* latin l'a fait précéder d'un *e muet* qui en fait une syllabe féminine. Nous avons donc écrit cette personne par *n* et non par *nt*, parce que nous respections ainsi l'accent latin et que cet accent domine dans la formation de toutes les langues romanes.

Nous n'avons jamais compris qu'on pût vouloir sérieusement dépouiller l'infinitif de son *r* caractéristique et le confondre ainsi à chaque instant avec d'autres modes du verbe. Cette vérité a été tellement sentie que toutes les langues néo-latines ont scrupuleusement gardé cette lettre, toutes, même le catalan qui, comme le fait observer un homme qui l'a étudié à fond, s'arrête court aussitôt que la partie essentielle du mot a été prononcée (¹). Il y a une dizaine d'années, M. Roumanille soutint avec Casimir Bousquet une polémique, aussi vive au fonds que courtoise dans la forme, sur l'orthographe provençale. Quels arguments apporta-t-il en faveur de la suppression de l'*r* ? La prononciation de son dialecte ; mais nous avons établi que beaucoup de lettres se sont toujours écrites sans avoir jamais été prononcées, et nous savons précisément par *Las leys d'amor* que l'*r* final était doux (²) — la facilité qu'y trouve la poésie ; mais les langues n'ont jamais

(1) CAMBOULIU, *loc. cit*, pag. 18.

(2) Esta letra *r* fay petit so e suav cant es pauzada en fi de dictio coma, *amar, ver. (Las leys d'amor*, I, 38).

été faites pour la commodité des poètes, et si ceux-ci avaient dû leur imposer tous leurs caprices, pas n'était besoin de leur permettre des licences. Dans son horreur pour cette *r* M. Roumanille allait jusqu'à consentir à « abjurer les délicieuses formes de langage du dialecte d'Arles et d'Avignon, à rétablir dans le corps des mots les lettres *r* et *l* » pourvu qu'en échange de ce sacrifice le congrès des poètes provençaux qui allait se réunir à Aix lui abandonna cette *r* qui l'agaçait (¹). Le congrès se réunit en effet ; ces préliminaires de paix lui furent-ils soumis? quel en fut le sort? Nous l'ignorons ; mais ce qui est certain c'est que dans le volume qui fut publié à la suite de cette réunion pas un seul infinitif n'est écrit sans *r*, et bien que l'orthographe suivie soit personnelle à l'éditeur il y a lieu de croire qu'il n'aurait pas contrevenu à une décision prise par un congrès dont il n'était que le secrétaire (²).

L'adverbe est bien certainement une des preuves les plus frappantes et les plus curieuses de l'uniformité de création qui présidât à la naissance des langues romanes. « L'adverbe latin, dit M. Littré, ne
» suggéra rien qui convînt ; la terminaison en *e*
» comme *male*, ou en *ter* comme *prudenter*, ne
» trouva pas à se placer, sans doute parce que, le
» sens de ces désinences étant complètement per-
» du, l'oreille et l'esprit cherchèrent quelque chose
» de plus significatif. C'est le mot *mens* qui, dans

---

(1) *Dissertation sur l'orthographe provençale*, pag. LXVI.

(2) *Roumavagi deis troubaires*, recueil des poésies lues ou envoyées au congrès des poètes provençaux, tenu à Aix, le dimanche 21 août 1853, publié par J.-B. Gaut, secrétaire du congrès, Aix, Aubin, 1854.

» les quatre langues, se transformant en suffixe
» purement grammatical, est devenu la base de
» l'adverbe, et comme *mens* est du féminin, toutes
» quatre ont observé l'accord de l'adjectif avec ce
» substantif ainsi employé. (¹) » Ce système de
formation est très-sensible dans l'espagnol et l'italien qui ont tous deux conservé intégralement la
forme latine; en provençal et en français la suppression de l'*e* final a quelque peu masqué l'origine
de l'affixe qui ne saurait toutefois être douteuse :
francamente espagnol et italien, *francament* en
provençal, *franchement* en français. Mais à l'époque où le provençal actuel se fixa, l'*o* devint caractéristique des féminins et remplaça l'*a* qui d'ailleurs
avait toujours été une voyelle muette. L'adverbe
dut suivre la même évolution et l'*a* intérieur céder
la place à l'*o*; cependant il résista plus longtemps
que celui qui terminait les féminins, et aujourd'hui
encore on fait sonner cet *a* dans un grand nombre
de localités de Provence où on dit *sageament*, *caritablament*, au lieu de *sageoment*, *caritabloment*,
qui sont la forme régulière depuis la modification
des terminaisons féminines. Les adjectifs qui en latin n'ont qu'une forme pour le masculin et le féminin n'avaient également qu'une terminaison dans
l'ancien provençal et cette particularité se retrouvait dans l'adverbe. Ainsi *civil* tiré de *civilis*, donnait *civilment*; *mental* de *mentalis*, *mentalment*;
eternal de l'inusité *œternalis*, *éternalment* (²);

(1) LITTRÉ, *Histoire de la langue française*, I, 8.
(2) Ce mot qui appartient à la basse latinité se trouve déjà dans Tertullien, *adversus judeos*, cap. 6, et dans Fortunatus, lib. x, car. 10. — La Bellaudière conservant la forme ancienne a dit encore *liberaument* pour *liberaloment* :

Soullet dedins un bouosc plagny liberaument.
(*Lous passatens*, son. LVI, pag. 43).

gran de *grandis*, *granment*, etc. Mais quand ces adjectifs prirent la même forme que les autres, c'est à dire adoptèrent une forme féminine, le peuple, toujours logique en fait de langue, fit passer ce féminin dans l'adverbe et dit, *civiloment*, *mentaloment*, *eterneloment*, *grandoment*, et c'est ainsi que nous avons écrit nos adverbes, car du moment que nous acceptions la terminaison féminine en *o* pour les adjectifs, nous devions en bonne logique l'adopter également quand elle entrait en composition.

Nous avouons volontiers que nos diphthongues forment un groupe de voyelles peu agréable à l'œil, et comme dans l'art de peindre les sons tout est de convention, nous accepterions de grand cœur tout changement qui ne se prêterait pas à confondre des intonations différentes. Or en provençal la combinaison *ou* se prononçant comme en français : *doulouroux*, *cougourdoun*, on ne peut s'en servir pour exprimer la diphthongue qui sonne dans l'article *doou* ou dans le mot *fayoou* et nous avons dû adopter la manière de l'écrire généralement suivie par les provençaux. Pour la diphthongue *au* la même difficulté ne se présentait pas, cette combinaison pouvant se prononcer toujours *aou*; nous avons donc cru pouvoir simplifier notre orthographe et écrire *mau*, *malaut*, *houstau*, etc. Ce système nous paraît préférable à l'accent dont on a voulu décorer les diphthongues pour indiquer que *u* devait être prononcé *ou*, parce qu'un accent est une chose trop fugace, trop sujette à prétérition pour lui livrer, à lui seul, la prononciation d'une langue. Vainement on objecterait que les Troubadours écrivaient simplement *au*, *ou*; cela est vrai, mais l'*u* chez les Troubadours, et même dans certains cas l'*o*, sonnaient *ou* comme l'*u* latin ou italien, et il était alors inutile de répéter la première voyelle. Mais aujourd'hui que l'*u* provençal sonne comme l'*u* français, que *ou* sonne également comme *ou* français, il fallait nécessairement une autre combinaison de lettres pour rendre une autre intonation.

En voilà assez, croyons-nous, pour justifier auprès des hommes impartiaux l'orthographe que nous avons suivi. Encore une considération et nous finissons. Espérons qu'elle pourra aplanir bien des difficultés, concilier bien des divergences car elle touche au vif de la question.

Le grand malheur de la langue provençale actuelle c'est d'avoir cessé depuis longtemps d'être une langue politique et de n'avoir jamais été une langue littéraire. Ceux qui l'ont écrite ne l'ont jamais guère fait que comme amusement, cherchant à compenser par cet espèce de tour de force la valeur réelle qui trop souvent leur manquait. C'est pour cela que le provençal n'a pas un seul prosateur, pour cela que sa poésie ne s'est guère élevée au dessus de la chanson ou de la farce, pour cela qu'il n'a jamais été étudié scientifiquement, pour cela que ses dictionnaires ne sont rédigés qu'en vue de faciliter ses rapports avec le français, pour cela qu'il n'a point de grammaire, pour cela qu'il n'a point de poétique. Sans cesse préoccupés de l'exemple du français, les poètes qui l'écrivirent calquèrent servilement leur versification sur les règles de la poétique française, non pas même sur cette poétique plantureuse, aux allures vives et libres qui se déploie avec tant de naturel dans les deux Marot, dans Ronsard, dans Villon, dans Regnier, mais sur celle que Malherbe renferma dans un cercle étroit, rigide, empesé. Voilà où est le mal, voilà peut-être aussi où est le remède.

Il est certain qu'une orthographe qui supprime les consonnes finales donne à la versification, ainsi entendue, de grandes facilités en multipliant les rimes, en permettant de nombreuses élisions. Mais il y a moyen d'arriver au même résultat sans mutiler, sans torturer la langue au point de la rendre méconnaissable et, disons-le, inintelligible.

La rime est-elle faite pour l'oreille ou pour les yeux ? Poser la question c'est la résoudre, aussi tous les auteurs de poétiques ont-ils, malgré l'exemple des meilleurs versificateurs, soutenu qu'il fallait rimer pour l'oreille qui est, dit le vieux Sibilet, *le principal du college de la rime, tandis que l'orthographe n'est que le ministre du son.* Proclamons donc tous ensemble que la rime étant le retour de la même consonnance à la fin de deux vers, il suffit qu'elle soit sensible à l'oreille sans exiger qu'elle frappe les yeux ; et alors nous pourrons amener à la fin de deux vers un singulier et un pluriel, donner un infinitif pour compagnon à un participe sans nous préoccuper des consonnes qui les terminent et qui ne se prononcent pas.

Même observation pour l'hiatus. La règle qui a prévalu pour la versification française est évidemment trop sévère, trop absolue et va souvent contre son but. Dans la rencontre de deux voyelles il y a concours ou heurtement. Dans le premier cas les sons se succèdent non seulement sans dureté mais encore avec beaucoup de douceur. La langue grecque affectionnait ce concours de voyelles auquel elle doit une partie de son harmonie ; le provençal semble avoir hérité de cette prédilection, et une seule émission de voix fait souvent entendre chez nous deux et même trois voyelles appartenant à des mots différents et qui se prononcent comme une simple diphthongue. Le heurtement au contraire est toujours dur à entendre, difficile à prononcer et force à ouvrir démesurément l'organe de la voix (¹) ; il se produit surtout par le choc d'une voyelle avec elle-même, et celui-là doit être soigneusement évité. Mais le provençal a une ressource précieuse dont le français est privé. Celui-ci en effet n'élide que l'e muet, chez l'autre au contraire l'élision peut porter sur toutes les voyelles, et l'usage fréquent qu'on en fait, même dans le langage habituel, est un des traits les plus caractéristiques de notre langue, qui acquiert ainsi une douceur qu'on ne soupçonnerait pas en voyant ses articulations isolées. Convenons donc que la consonne muette ne gênera pas plus l'élision que la rime ; nous serons plus logiques que le français qui tolère le conflit de deux voyelles pourvu qu'une consonne, fût-elle muette, paraisse à l'œil amortir le choc, et nous n'aurons pas faussé notre langue par une orthographe factice et sans racines. Ce que nous demandons d'ailleurs n'est pas une innovation, ce n'est que la généralisation de ce qui se passe souvent dans le langage usuel, ce n'est que le retour aux errements de nos poètes avant que l'influence des préceptes imposés par Malherbe à la poésie française se fût appesantie sur la poésie provençale (²).

(1) Trop engendran gran hyat, si que fan trop la gola badar. *(Las leys d'amor*, 1, 26).

(2) Ainsi la Bellaudière, Brueys lui-même n'hésitaient pas d'élider leurs pluriels féminins quand la mesure de leurs vers l'exigeait, bien qu'ils écrivissent ces pluriels avec une s :

Cendres au fugueiron, n' escudellos à lavar.

(*Lous passatens*, son. XXVIII, pag: 23).

Voir en outre le passage du *Ludus sancti Jacobi* cité pag. XXXVIII.

M. Quicherat, après avoir proposé de semblables réformes pour la versification française, ajoute : « La critique demandera vainement ces améliorations qu'un poète de génie emporterait sans peine. (¹) » Pour nous notre poète est trouvé, et il n'est pas moins fort pour s'appeler légion. C'est cette pléiade d'hommes jeunes et généreux qui les premiers ont sérieusement composé dans notre langue et nous ont appris qu'elle pouvait répondre aux sentiments les plus délicats du cœur, aux passions les plus élevées de l'âme. Malheureusement pour arriver au but ils ont, c'est notre conviction, ils ont suivi une mauvaise voie. Au lieu de réformer la poétique, sûrs d'être compris par ceux à qui ils se seraient adressés, ils ont voulu modifier la langue, et tous leurs efforts s'useront contre le bon sens et la logique du peuple. S'ils sont mieux appréciés au dehors qu'en Provence même, c'est qu'en Provence on voudrait comprendre le texte et que *les barbares* les jugent sur la traduction (²). Mais il en est temps encore ; que leur orthographe, qui a déjà subi tant de transformations, revienne par une évolution dernière à l'étymologie qui est la raison de l'écriture; avec quelques modifications très-raisonnables, très-justifiables, très-sensées dans la versification ils obtiendront les facilités qu'ils ont cherché dans la mu-

---

(1) *Traité de versification française*, pag. 385.

(2) Il est certain que, nous-mêmes provençaux, nous avons souvent besoin de la traduction pour comprendre le poème de M. Mistral, et la cause en est bien des fois à l'orthographe. Il suffit pour s'en assurer de lire les noëls de Saboly dans les deux éditions publiées successivement par MM Aubanel ; l'une avec l'orthographe de l'école avignonaise, et l'autre dans laquelle on est revenu en partie à l'orthographe rationnelle.

tilation de la langue. Nous les suivrons avec bonheur dans cette voie, les encourageant de la voix et du geste, et nous ne regretterons pas cette discussion, dans laquelle nous ne sommes entrés qu'à notre corps défendant, s'il peut en jaillir quelque lumière sur le passé et sur l'avenir de la langue provençale. Nous avons pesé sans prévention et sans parti pris les raisons apportées en faveur d'un système que notre conscience nous force à repousser, et si de nouveaux arguments venaient nous prouver que nous nous trompions, abjurant nos erreurs avec la même bonne foi que nous mettons aujourd'hui à soutenir notre opinion, nous nous féliciterions encore du résultat, car, comme l'écrivait notre Gassendi à Van-Helmont : « Dans les démêlés litté-
» raires et scientifiques, le vaincu est fort heureux,
» plus heureux même que le vainqueur, puisqu'il
» y gagne de plus l'instruction. »

Manosque, 19 mars 1864.

CHANTS POPULAIRES

LA PASSIEN DE JESUS-CHRIST

La passion de Jésus-Christ
Que fait tant bon entendre; (¹) } bis

Entendez la, petits et grands,
Toutes gens d'ourdounanço.

Nouestro-Dam' a pourtat noou mes
Jesus Diou *dans son ventre* ;

De Pandecoust' à Charendas
L'y aguet grand esperanço ;

A Charendas Jesus neisset
Dins la rejouissanço. (¹)

Nautres eriam toutes parduts
Aro siam en salvanço.

Quand Jesus-Christ aguet grandit
Faguet grand penitanço.

Jesus a junat cranto jours
Sans prendre soustenanço,

Quand les crantos jours sount passats
Jesus prend soustenanço,

Prend un mouceou de pan beinet
Per sa desparjunanço.

Jesus es anat proumenar
Dins uno vill' immanso, (¹)

A rescountra 'n pople de gens,
Li fan grand reveranço,

De soun capeou, de soun rameou,
De touto sa puissanço.

En soupan Jesus-Christ a dich :
Me faran trahissanço ;

Et sant Peyre li a respoundut :
Seignour, ai pas fianço,

Les gens que van en devoucien
Van pas per trahissanço.

— N'en sera pas tres jours d'eicit
Veiretz l'experianço,

N'en veiretz moun corps estendut
Sur une crous doulanto,

Veiretz ma testo courounad'
Tout d'espignetos blancos,

Veiretz mes dous bras clavelats
Et mes dous peds *ensemble,*

Veiretz moun sang que coulara
Tout de long d'uno lanço,

Veiretz la mero de Jesus
Ben trist' et ben doulanto,

Veiretz la lun' et lou soureou
Que coumbattran *ensemble*, (4)

N'en veiretz la terro tremblar
Et les peiros se *fendre,*

Veiretz la mar que flamiara
Coum' un tisoun que flambo.

NOTES ET ÉCLAIRCISSEMENTS

(1) Variante :
 Qu voou ausir lou vers de Diou
 Que fait tant bon entendre.

(2) Toutes les terminaisons en *enso* doivent, dans ce cantique, se prononcer comme en français. On dira donc

rejouissanço, *penitanço*, etc. Nous avons indiqué cette prononciation en l'écrivant par un *a* au lieu de l'*e* qu'elle prendrait régulièrement.

(3) Variante :
Es anat à Jerusalem
Eme grand diligeanço.

(4) Ces deux vers se retrouvent presque textuellement dans la moralité de St Jacques (v. 175, 176) :

Ay vist lo soler et la luna
Que se conbatian ensemble.

Il paraît plus probable que le fol qui les débite les empruntait à une composition connue de ses auditeurs que d'admettre qu'ils ont passé de la moralité dans la complainte. Or le *Ludus Sancti Jacobi* est certainement antérieur à 1496, ce qui fait remonter le chant au moins au xve siècle.

———

Les récits populaires de la Passion furent fort nombreux en Provence et déjà nous en avons publié deux dans notre premier volume. Celui que nous reproduisons aujourd'hui nous paraît l'un des plus anciens, et nous y verrions volontiers un de ces chants que Nostradamus avait entendu réciter *aux pauvres demandant l'aumosne aux portes.* Outre les nombreux archaïsmes de forme qui le distinguent, on remarquera l'espèce de confusion qui rapproche, sans égard pour la chronologie, diverses circonstances rapportées dans les Evangiles. Ainsi le jeûne dans le désert précède immédiatement l'entrée triomphale à Jérusalem, la prédiction de la passion arrive pendant la cène avec celle de la trahison de Judas, alors que la première, d'après le texte sacré, fut faite quelques jours avant la Transfiguration, immédiatement après que la primauté de Pierre eut été proclamée (1); les signes qui doivent annoncer le dernier avénement du Fils de l'Homme sont rapportés aux miracles qui accompagnèrent sa mort (2). Une autre confusion plus curieuse est celle de l'Annonciation avec la Pentecôte. « Le » Saint-Esprit descendra sur vous, et la force du » Très-Haut vous couvrira de son ombre, » avait dit le divin messager en annonçant à la Vierge qu'elle serait mère (3). L'iconographie chrétienne s'emparant de ce texte ajoutait ordinairement à la scène le Saint-Esprit, en forme de colombe, lançant un rayon qui aboutit à l'oreille de Marie (4). La Pentecôte était la fête de la descente du St-Esprit et on le représentait projetant sur la tête de chaque

(1) Math., xvi, 21.
(2) Conf. les trois derniers couplets avec Luc, xxi, 25; Marc, xiii, 24, et Ludolfi Cartusiensis, *Meditationes vitæ Jesu Christi*, sec. part., cap. xlii.
(3) Luc., i, 35.
(4) Dans une peinture sur verre publiée par A Lenoir (*Recueil de gravures pour servir à l'histoire des arts en France*, pl. xlvii et pag. 8) le mystère de l'incarnation est symbolisé par ce rayon qui porte à l'oreille de la Vierge un petit enfant nud, dont elle sera mère. Lenoir accompagne son dessin de ce fragment de la prose des sept allégresses :

   Gaude, Virgo, mater Christi,
   Quæ per aurem concepisti,
   Gabrielis (*sic*) nuntio.

disciple un rayon portant une langue de feu. Il y en eut assez pour que la poésie populaire rapprochât les deux circonstances et pût dire d'une manière alors intelligible pour tous :

      De Pandecoust' à Charendas
      L'y aguet grand esperanço.

LOU SACRIFICI D'ABRAHAM

Un jour lou pèr' Abram
N'en ves venir un angi,
N'en ves venir un angi
Que li a dich : Abram,
Fau far lou sacrifici
D'immoular toun enfant.

Abram li a respoundut :
Aco' es pas la proumesso,
Aco' es pas la proumesso
Que vous mem' aviatz fach, (¹)
Fau pamen qu'oubeisse
A vouestro voulountat.

Per un sat' au matin
Pero Abram se levo,
Pero Abram se levo,
D'uno man prend lou fuec,
De l'autro lou tranchant
Lou tranchant d'un grand glaivo.

Et puis lou per' Abram
S'en va sur la mountagno,
S'en va sur la mountagno,
Ount' Diou a coumandat
D'ouffrir lou sacrifici
De soun cher fiou Isac. (¹)

Les pastoureous l'ant vist :
— Isac, v'eicit toun pero ;
S'aquel enfant se levo
D'un couer tout esmougut
En disent : bounjour pero,
Sieguetz lou ben vengut.

Bounjour, pero, bounjour,
Ount' anetz-vous, moun pero ?
— Iou vau sur la mountagno,
Dieu me l'a commandé,
Per fair' un sacrifici
D'un pichot agnelet.

— Anarai eme vous,
Isac di à soun pero,
Isac di à soun pero,
Iou pourtarai lou bouesc,
Vous pourtaretz lou fuec
Et lou tranchant doou glaivo.

Marcheroun toutes dous ;
Quand sount sur la mountagno,
Quand sount sur la mountagno :
Pero, *que ferons-nous*
Nous avons oublié
Le petit agnelet.

Abram li respoundet :
Tu sies lou sacrifici,
Tu sies lou sacrifici,
Diou me lou coumandet
Et fau ben qu'execute
Sa sainte volonté.

Se me v'aguessiatz dich,
Isac di à soun pero,
A ma tant boueno mero
Auriou fach mes adious,
Mais siou vengut eicit
Senso ren li ague dich.

Auriatz ges de mouchoir,
Isac di à soun pero,
Auriatz ges de mouchoir,
Isac di à soun pero,
Per me parar les uclhs
Que vegue pas lou glaivo.

Doou ciel descend' un angi
Que lou glaivo reten,
En li disen : Abram
Lou Seignour es countent,
En li disen : Abram
Lou Seignour es countent.

Communiqué par M. ALLÈGRE.

NOTES ET ÉCLAIRCISSEMENTS

(1) Chaque fois que Dieu avait parlé à Abraham il lui avait promis de multiplier sa postérité comme les étoiles du ciel, il avait changé son nom primitif d'Abram qui veut dire *père élevé,* en celui d'Abraham qui signifie *père élevé de la multitude,* et en lui promettant la naissance d'Isaac il avait ajouté que de cet enfant sortirait la race en qui s'accompliraient ses promesses, *quia in Isaac vocabitur tibi semen* (GEN., XII et suiv.). Remarquons encore la confusion toute biblique de Dieu et d'un ange, confusion qui n'est pas rare dans les livres de l'Ancien Testament. Voir not. l'apparition de trois anges à Abraham (GEN., XVIII, 1, 2, 3) et la lutte de Jacob avec un ange *(ibid.,* XXXII, 24 et suiv.)

(2) Les chanteurs disent habituellement *Isouar*. D'ailleurs en langue romane on prononçait Isac et Abram: « E si voletz belamen pronunciar devetz escriure *Abra-
» ham* e dire *Abram*, et aquo meteysh d'aquesta dictio
» *Ysaac*, et en ayssi de lors semblans coma *Aaron*. »
(LAS FLORS DEL GAY SABER, tom. 1er, pag. 48).

Dans le récit de la Génèse l'obéissance d'Abraham est aveugle, la résignation d'Isaac est muette; l'un et l'autre se soumettent passivement à l'ordre du Seigneur : mais il n'en est pas ainsi dans les livres rabbiniques et dans les traditions bibliques des musulmans. Ceux-ci, on le sait, prétendent que ce fut Ismaël qu'Abraham voulut sacrifier. « Lors-
» qu'ils furent arrivés à l'endroit où Ismaël devait
» être immolé il dit à Abraham : mon père, attache-
» moi bien, afin que je ne remue pas ; abaisse mon
» habit pour qu'il ne soit pas teint de mon sang et
» que ma mère ne se trouble pas en le voyant ;
» plonge ton couteau bien fort, afin que je meure
» vite et sans souffrance, car la mort est une chose
» dure : et quand tu reviendras console ma mère.»(1)
Le livre de *Yaschar* que le savant chevalier Drach a fait connaître dans ces dernières années et qu'il regarde comme composé en partie de fragments du *Livre du Juste* qui n'était lui-même que les anna-

(1) G. VEIL, *Biblische legenden der Muselmanner*. cité par M. G. BRUNET, *Dict. des apocr.*, II, 35.

les du peuple hébreu rédigées par les prêtres et conservées dans le temple, livre qui supplée aux lacunes qu'on remarque dans le Pentateuque, le livre de *Yaschar* contient des circonstances analogues à celles que nous venons de rapporter d'après les traditions musulmanes. « Après avoir rangé sy-
» métriquement les buches sur l'autel, Abraham
» se disposait à y placer Isaac pour l'immoler, celui-
» ci lui dit : mon père, étreins-moi bien en me
» liant, de peur qu'en sentant le fer dans ma chair
» je ne m'agite et ne me débatte, et ne rende ainsi
» le sacrifice illégitime et invalide. Quand la victi-
» me sera consumée, tu recueilleras ce qui restera
» de mes cendres et tu le porteras à ma mère et
» tu lui diras : voici l'odeur agréable de ton fils
» Isaac. » (1)

Chaque fois que nos chants religieux contiennent des détails qui ne sont pas dans les livres saints, on peut être à peu près assuré de les retrouver dans les écrits apocryphes. Mais ceux-ci n'ont été exhumés que par l'érudition moderne, et un assez grand nombre, écrit dans les langues de l'Orient, a été traduit pour la première fois depuis moins de cent ans. Ce n'est par conséquent pas dans ces récits que les chanteurs populaires allaient puiser leur inspiration. Il faut nécessairement admettre que, dès la plus haute antiquité, la mémoire des générations avait conservé ces traditions aussi fidèlement

---

(1) SEPHER HAIYASCHAR : traduit sur le texte hébreu rabbinique par le chevalier P.-L.-B. Drach, section *Vaïyera*. *Odeur agréable* dans la langue de la Bible signifie sacrifice agréable à Dieu. Ainsi après avoir raconté le sacrifice de Noë au sortir de l'arche le texte sacré ajoute : *Odoratusque est Dominus odorem suavitatis* (GEN., VIII, 21).

que le parchemin des manuscrits, et les chants populaires ont été certainement une des causes les plus efficaces de cette conservation.

Le cantique du sacrifice d'Abraham paraît avoir fait partie d'une série de compositions populaires tirées de l'Ancien Testament. Malheureusement elles sont à peu près perdues aujourd'hui. M. Allègre nous a signalé un cantique sur le déluge, et M. Pelabon nous en a communiqué un autre sur l'histoire d'Adam et Eve. Mais celui-ci a été remanié par une main savante qui lui a fait perdre sa physionomie populaire pour en faire une composition agréable, ce qui nous a déterminé à ne pas le publier.

LA COUNVERSION DE SANTO MADALENO

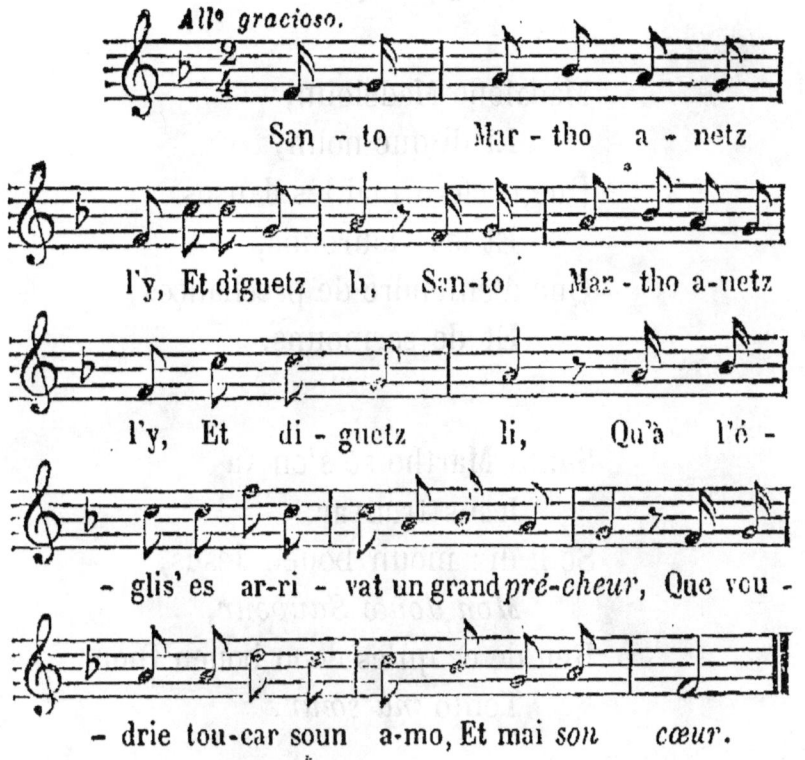

— Santo Martho anetz-l'y
Et diguetz li
Qu'à l'egliso es arrivat
Un grand *précheur*
Que voudrie toucar soun amo
Et mai *son cœur.*

Santo Martho se s'en va
Sa sur trouvar,
Se li di : ma boueno sur,
Ma chero sur,
Vous farie-ti gaud d'entendre
Un grand prechur.

Madaleno Madeloun,
Li di que noun,
Que prefero mai les dansos
Et les viourouns,
Que d'entendre de prechanços
Et de sermouns.

Santo Martho se s'en va
Jesus trouvar,
Se li di : moun bouen Jesus,
Mon doux Sauveur,
Ren de ce qu'es doou bouen Diou
Tento *ma sœur*.

— Santo Martho anetz-l'y
Et diguetz li,
Qu'à l'egliso es arribat
Tres beous cadets
Que desirarien la veire
Enca 'no fes.

Santo Martho se s'en va
 Sa sur trouvar,
Se li dis : ma boueno sur
 L'y a tres cadets
Que desirarien vous veire
 Enca 'no fes.

Madeloun n'a pas manquat
 De se parar
De se mettre ses daururos,
 Ses baguos d'or
Touto sorto de belluros
 Dessus soun corps.

Quand la Madaleno intret
 Jesus prechet ;
A tant préchat sur lou vici,
 Sur lou peccat,
Que soun couer et mai soun amo
 N'en a toucat.

Quand lou sarmoun es finit,
 Ell' a sourtit ;
A desfach sa cheveluro
 En souspiran,
En se deraban ses perlos
 Et ses diamants.

Tres cadets li van apres :
　　Damo qu'avetz?
— Gentilshommes, beous cadets,
　　Leissetz m'estar,
La vanitat d'aquest mounde
　　Iou vau quittar;

Iou m'en vau dins uno baumo,
　　Sout' un bouissoun,
M'en vau mangear de racinos
　　Et de cardouns,
Per n'en 'expiar les fautos
　　De Madeloun.

Communiqué par M. PELABON.

L'appel que nous faisions aux personnes qui voulaient bien nous aider de leurs lumières (tom. 1er, pag. 70) a été bien vite entendu et dès la publication de notre premier volume nous recevions de M. Pelabon, de Toulon, le cantique que nous venons de publier, cantique dont nous soupçonnions à peine l'existence. Nous saisissons avec bonheur cette occasion pour remercier M. Pelabon de l'obligeance empressée avec laquelle il nous a prêté son concours. D'ailleurs ceux qui ne sont pas étrangers à notre littérature provençale comprendront l'intérêt que devait inspirer au petit-fils de l'auteur de *Maniclo* une publication sur la poésie populaire en Provence

SANTO MARGARIDO

Margarid' à l'agi de sept ans
Avie ni pero ni *parents*,
Avie que sa mero nourriço
Margarid' en isten petito. (¹)

Lou fiou doou rei ven à passar (¹).
La bargeiret' a saludat :
— Iou te salude, bargeireto
Voudries estre moun espouseio ?

— Siou l'espouso de Jesus-Christ
Que sur la crous ant fach mourir, (¹)
A Jesus-Christ ai fach proumesso
Que seriou toujours sa mestresso.

— Margarido me voues p' amar,
Iou te farai martyrisar,
Iou te farai boulhir dins l'ori
Aqui passaras precatori. (⁴)

— Prince, toutes vouestres tourments
Me faran souffrir qu'un moument,
Mai doou ciel la glori benido
Per iou jamai sera fenido.

Au peiroou la van presentar
Et l'ori s'es tout escampat,
L'ori courrie dins la carriero
Autant que l'aig' à la riviero.

Ben plus belo qu'auparavant
Souert' un crucifix à la man,

Lou dragoun crebo par l'esquino
V'aqui la santo qu'es garido. (⁵)

Alors d'amount doou Paradis
Un angi descend' et li di :
Margarido cantem ta glori
Car as rempourtat la victori.

Qu aqueou sant ouresoun saura
Tous les divendres lou dira,
Lou dira 'n grando souvenenço
Per les pauros fremos enceintos. (⁶)

NOTES ET ÉCLAIRCISSEMENTS

(1) Variante communiquée par M. Pelabon :

Margaridet' à quatorz' ans
N'en gardavo ses moutouns blancs
Ses moutouns blancs, ses barbinetos,
Dedins lou boucsc touto sourcto.

Barbineto est un mot piémontais signifiant jeune brebis.

(2) Une version porte :

> *Lou dragoun n'en ven à passar,*

confondant le gouverneur Olibrius avec le dragon que Marguerite dompta dans sa prison. On verra plus loin que le cantique suppose que ce dragon creva de dépit en voyant la martyre préservée miraculeusement des atteintes de l'huile bouillante. Dans le *mystère de Sainte Marguerite* à quarante-quatre personnages, Olibrius n'est pas un simple gouverneur mais un roi qui a succédé à Théodosien père de la sainte. (Voir Catal. de la bibl. de M. de Soleinne par le bibliophile Jacob, I, pag. 144).

(3) Variante :

> *Touto livrad' à l'ouresoun*
> *Leissetz me gardar mes moulouns.*

(4) D'après les actes de Ste Marguerite on la jeta dans un grand cuvier rempli d'eau après l'avoir brûlée avec des torches (BOLLANDISTES, *juillet*, v 39).

> *Alors se prit à forcener*
> *Un vaisseau a fait amener*
> *D'eau bouillante le fait emplir*
> *Pour dedans la faire bouillir.*
> (*Vie et légende de Ste Marguerite*, Troyes, j. ant. Garnier).

(5) Variante :

> *O belo santo Margarido*
> *N'autres vous cresiam plus en vido.*

(6) « Le gouverneur ordonna de décapiter la bien-
» heureuse Marguerite. Elle demanda le temps de faire

» oraison et elle pria pour elle et pour ses persécuteurs,
» ajoutant que toute femme en couches qui l'invoquerait
» enfanterait sans danger. » (J. DE VORAGINE, *Légende dorée*). L'usage de lire la vie de Ste Marguerite aux femmes en travail d'enfant s'est perpétué longtemps ; on en trouve la trace dans Rabelais *(Gargantua*, VI), et les images de notre sainte sorties des fabriques de Lyon ou d'Epinal portaient ordinairement une oraison dans laquelle on lit :

> *Que veuilliez pour moi Dieu prier*
> *Que par pitié il me conforte,*
> *Ces douleurs qu'il faut que je porte*
> *Et sans péril d'ame et de corps*
> *Fasse mon enfant sortir hors,*
> *Sain et sauf, et que je le voie*
> *Baptiser à bien et à joie.........*

La vie et légende de Ste Marguerite dont nous avons cité quelques vers, n'est que la reproduction rajeunie d'une autre vie beaucoup plus ancienne qui a été publiée en 1847 dans le Bulletin du bibliophile belge. En la comparant à notre cantique on s'aperçoit facilement que ces deux compositions ont une même origine. Toutes deux réunissent des circonstances qui sont séparées dans les actes de la sainte ou dans la légende. Ainsi l'immersion dans un liquide bouillant d'où elle sortit sans brûlure, la venue de l'ange qui lui apporte la couronne, la réponse de Marguerite aux offres du gouverneur :

> A Jésus-Christ suis espousée,
> Je ne veux autre ami avoir;
> Si vous desirez le savoir
> Suis servante de Jésus-Christ
> Qui pour nous en la croix souffrit.

se trouvent dans toutes deux et ne se trouvent pas dans les légendaires. Cependant la forme de notre cantique paraît relativement moderne, qu'il soit la transformation d'un cantique plus ancien, ou plutôt, comme nous le ferait croire l'étude de quelques couplets, qu'il ne soit que la traduction d'un texte écrit primitivement en français.

SANT ALEXI

Lou baroun sant Alexi
Se voou pas maridar ; } *bis.*

Per oubei' à soun pero
La facho demandar,

Per oubei' à sa mero
La vougud' espousar.

Lou premier soir des noueços
'lexi fai que plourar :

— Mai que n'as-tu, Alexi
Que fas ren que plourar ?

— A Diou ai fach proumesso
Vu de virginitat.

— Se n'en as fach proumesso
Per iou deou pas restar.

Alexi prend ses biassos
Soun grand viagi n'a fach,

S'en vai au sant Sepulcre
Qu'es de delà les mars.

Long doou camin rescontro
Lou marri Satanas :

— Au casteou de toun pero
Ta moulher ten bourdeou,

Se tu lou voues pas creire
Te v'aquit ses anneous. (¹)

Alexi saup que faire
D'anar ou s'entournar,

Doou ciel descend' un angi
Per li venir parlar :

— Veses pas qu'es lou diable
Que te voudrie tentar.

Alexi prend ses biassos
Soun grand viagi n'a fach.

Au bout de sept anneios
Alexi a retournat,

Au casteou de soun pero
N'en es vengut piquar.

Doou ped piqu' à la pouerto :
Lougeariatz lou roumiou ?

Soun pero souert' à l'estro :
Lougem ges de roumiou.

Doou ped piqu' à la pouerto :
Lougeariatz lou roumiou ?

Sa mero souert' à l'estro :
Lougem ges de roumiou.

Doou ped piqu' à la pouerto :
Lougeariatz lou roumiou ?

Sa moulher souert' à l'estro :
Lou lougearai ben iou,

Que sabe pas, iou pauro,
Qu me logeo lou miou.

Li ant dreissat sa coucheto
Souto les escariers,

Ounte varlets, chambrieros,
Jitoun les bourdaries. (¹)

Au bout de sept anncios
Alexi a trepassat,

Les campanos de Roumo
Se sount mess' à sounar,

Que l'y a ni cler ni evesque
Que les pousq' assourar.

Tous les gens de la villo :
Es mouert quauque corps sant, (¹)

Lou baroun sant Alexi
Bessai a trepassat.

Soun pero n'en descende
Descende les degres : (⁴)

Se sies moun fiou Alexi
Agues à *moi parler*,

De ta belo man *droite*
Agues à *moi toucher*.

Sa mero n'en descende
Descende les degres :

Se sies moun fiou Alexi
Agues à *moi parler*,

De ta belo man *droite*
Agues à *moi toucher*.

Sa moulher n'en descende
Descende les degres :

Se sies moun mari' Alexi
Agues à *moi parler,*

De ta belo man *droite*
Agues à *moi toucher.*

Doou coustat de sa drecho
Li trov' un mot d'escrit, (¹)

Qu'Alexi s'en anavo
Tout drech en Paradis.

NOTES ET ÉCLAIRCISSEMENTS

(1) Cette intervention de Satan ne se retrouve ni dans les actes de S¹ Alexis recueillis par les Bollandistes (juillet, IV, 254), ni dans la légende de Voragine, ni dans le poème roman de la vie de S¹ Alexis (MS. 1745 de la bibliothèque impériale). Nous croyons qu'elle est mentionnée dans la *Historia e vita di Santo Alesso,* sans pouvoir toutefois l'affirmer, n'ayant pas pu nous procurer cette plaquette que nous avons vainement fait

rechercher à la bibliothèque impériale et que nous ne connaissons que par cette phrase citée par le comte de Douhet dans son *Dictionnaire des légendes* : « *Alesso se marie, mais il veut garder sa pureté. Il va en pèlerinage, le diable s'applique à tromper lui et sa femme.* » D'ailleurs les chanteurs populaires n'inventaient pas, ils se bornaient à rhythmer les traditions qui avaient cours de leur temps, et toutes les versions que nous avons concordent sur ce détail de la tentation.

(2)
L'ome de Dieu fes escarnir
Als sieus sirvens e vil tenir,
Si que l'ayga dels lavamens,
Mot pudenda e mal olens,
Plena de grans orrezetatz,
Li gitavo per mieg son cap,
E d'autres estrans aunimens
Dic que 'l fazian li sieu sirven.

(Vie de S‍t Alexis, citée par RAYNOUARD, *Lexique roman*, 1, 575).

(3) Cette expression est une preuve de l'ancienneté de cette composition car elle est fort usitée dans les poèmes du moyen âge pour signifier un saint personnage. Voir notamment *la vida de Sant Honorat,* passim.

(4) Variante :
Soun pero n'en descende
Plourant et souspirant.

Cette variante se reproduit dans les couplets de la mère et de l'épouse.

(5) D'après les actes de S‍t Alexis ce n'est pas à sa femme mais au pape que le saint livre le billet qu'il tenait à la main.

Nous appelons l'attention sur ce cantique un des types les plus complets de notre poésie populaire, et certainement un de ceux qui se sont conservés avec le moins d'altérations. Il est encore fort connu aujourd'hui, et nous sommes étonnés du peu de variantes que présentent les nombreuses versions que nous avons recueillies. Les nombreuses répétitions qu'on y remarque, la brutalité de quelques expressions sont des preuves évidentes de son ancienneté et peut-être sa popularité est-elle la cause de la popularité, en Provence, du saint qu'il est destiné à célébrer.

OURESOUNS

PATER DOOU PETIT

Lou *pater* dooo petit,
Que Diou l'a fach, que Diou l'a dich,
Que Diou l'a mes dins soun escrich,
   Dins soun escrich plen de glori ;
   Glourious sant-Esperit ;
   Glori, glori en Paradis.

Paradis es uno belo causo
Qu ly vai se ly repauso ;
Tant anarem, tant tournarem,
Qu'un angi de Diou rescountrarem.
— Angi de Diou, d'ount venetz-vous ?
— Des peds de Diou ; — menetz-y-nous,
   Degun mies que vous,
Degun mies que vous lou poou faire
De nous menar vers nouestre paire ;
— Passarem sur uno branqueto
Ni plus largeo ni plus estrecho

Qu'un chevu de la testo,
Toutes aqueles que l'y passaran
Davant Diou se trouvaran.
Les pouertos doou paradis sount dubertos;
— Qu les a durbidos ?
— Es la santo verayo crous
De nouestre bouen paire,
Que n'a junat quaranto jours
Jusqu'au jour doou signe d'homme. (¹)

Belo couloumbeto couito
Que pouertes dins ta bouito ? (²)
— De sau, d'oli, de sant chremo,
Per lou sant batêmo.
Au noum doou Pero, au noum doou Fiou,
Au noum de l'Esperit de Diou,
Batejatz toutes vouestres fious ;
Batejetz pas lou fau judiou
Que cres pa' à la mero de Diou.
Sant Jean batejo !
Les pouertos doou paradis sount dubertos ;
— Qu les a durbidos ?
— Lou filhou et lou peirin. (³)

Joignem les mans, intrem dedins,
Ansin pousquessiam toutes faire,
A l'houro de nouestro fin.

LA MOUERT DE LA BOUENO MERO

La boueno Mer' ero dins sa chambreto,
Touto soureto,
Lou bouen Diou li mandet un angi,
Archangi,
Em' uno palmet' à la man,
En lui disant
Que ben leou l'appelarie dins soun paradis,
Soun très-cher Fils. (*)

La santo Viergi prend la palmeto,
La mete sur sa coucheto,
S'en vai trouvar ses cheros surs :
Mes cheros surs,
Siou eicit de la part de Diou,
Moun tres-cher Fiou,
Que ven de me mandar un angi,
Archangi,
Em' uno palmet' à la man,
En me disant
Que ben leou m'appelarie dins soun paradis,
Moun tres-cher Fils.

Ses cheros surs se sount mess' à cridar,
A souspirar :
Paures abandouneios !
Paures descounsouleios !
Avem pardut nouestre bouen pero,
Aro pardrem nouestro tant boueno mero,
Nouestro boueno damo,
Et lou repau de nouestres amos.

— N'en plouretz pas,
N'en gemissetz pas,
Fau moun susari preparar
Per l'y repausar moun corps
A l'houro de ma mort. (¹)

D'aquit s'en vai trouvar ses freros :
Mes tres-chers freros,
Siou cicit de la part de Diou
Moun tres-cher Fiou,
Que ven de me mandar un angi,
Archangi,
Em' uno palmet' à la man
En me disant,
Que ben leou m'appelarie dins soun paradis
Moun tres-cher Fils.

Ses chers freros se soun mes à cridar,
A souspirar ;

Paures abandounats !
Paures descounsoulats !
Avem pardut nouestre bouen pero,
Aro pardrem nouestro tant boueno mero,
Nouestro boueno damo,
Et lou repau de nouestres amos.

— N'en plouretz pas,
N'en gemissetz pas,
Fau ma sepulture preparar
Per ly repausar moun corps
A l'houro de ma mort.

GLORIA IN EXCELSIS DEO, ET IN TERRA PAX. (ier)

Sant Thoumas ero dins lou desert,
Ves lou corps de Mario dins les airs,
Pourtat per les angis,
Archangis :
Viergi santo, viergi puro,
Leissetz m'anar vouestro santo centuro
Perqu' en me vesen arrivar
Mes freros me lapidoun pas.

Quand les apotros l'ant vist venir,
Li ant dich :
Sies p' amat de Diou nouestre pero

Ni de nouestro tant boueno mero ;
L'avem messo dins sa sepulturo,
Douç' et puro
Coum' uno viouleto doou mes de mai. (⁶)

Qu aqueou sant trepassament saura,
Un an et un jour lou dira,
Et les autres fes quand pourra,
Siegue peccadour ou peccairitz,
Anar' au sant paradis.

———

(1) Dans quelques localités de Provence on appelle encore *lou signe d'homme* les cadeaux qu'on échange aux fêtes de Pâques.

(2) Variante :
Belo couloumbeto blanco
Que pouertes sur l'anco.

(3) Jésus-Christ et St Jean-Baptiste. Les jeunes provençaux chantent en allumant le feu de St Jean :

Sant Jean fai fuec, — Sant Peyre l'abro.

N'est-ce pas là un souvenir de Jean venant préparer la voie de celui qui baptisera dans le feu, et Pierre allumant le feu n'est-il pas la figure de l'Eglise accomplissant les prophéties rappelées par le Précurseur dans toutes ses prédications. Ou nous nous trompons fort ou il faut remonter bien haut pour arriver au temps où l'on a pu résumer dans un simple cri de joie l'histoire des premiers jours du christianisme.

Cette oraison nous paraît émaner d'une pensée profondément catholique : le parallélisme du baptême et de la rédemption, la piscine salutaire et la croix du salut ouvrant l'une et l'autre les portes du ciel.

(4) « Dans la vingt-deuxième année après que Jésus-
» Christ, ayant vaincu la mort, fut monté au ciel, Marie
» était un jour seule dans un lieu retiré de sa maison et
» versait des larmes, et voici qu'un ange, resplendissant
» d'une grande lumière, se présenta devant elle et pro-
» nonça les paroles de la salutation, disant : Je te salue,
» toi qui es bénie par le Seigneur, reçois le salut de ce-
» lui qui a envoyé le salut à Jacob par ses prophètes ;
» voici que j'ai apporté une branche de palmier venant
» du paradis de Dieu et que tu feras porter devant ton
» cercueil lorsque dans trois jours tu auras été enlevée
» au ciel en ton corps. » (MELITON, *de Virginis deiparæ transitu*, chap. III). Ce palmier du paradis était un rejeton de celui qui s'inclina devant la sainte famille et qu'un ange sur l'ordre de Jésus-Christ avait transporté au ciel. C'est l'origine de la palme qu'on donne aux martyrs. V. *Histoire de la nativité de Marie et de l'enfance du Sauveur*, chap. XXI.

(5) » Les trois vierges qui étaient là prirent le corps
» de Marie et le lavèrent suivant l'usage ordinaire pour
» les funérailles » (MELITON, op. cit., chap. X).

(6) Toutes les circonstances relatives à l'apôtre Thomas sont empruntées à un livre depuis longtemps oublié en Occident et dont le texte arabe a été retrouvé et publié par Enger, il y a moins de dix ans, d'après un manuscrit de la bibliothèque de Bonn, sous le titre de : *Livre du passage de la bienheureuse Marie écrit par St Jean*. St Thomas, d'après ce livre, n'arrive qu'après l'ensevelissement de Marie. « Et lorsqu'il fut avec ses
» compagnons qui persévéraient dans la prière, Pierre
» lui dit : Thomas, qui est-ce qui t'a empêché d'assister
» au trépas de la mère du Seigneur Jésus..... et Thomas répondit : c'est le service de Dieu..... et dites-
» moi où est maintenant son corps ? et ils dirent : dans
» cette caverne. Et il répondit : Je veux aussi la voir et
» recevoir sa bénédiction afin de pouvoir affirmer la vé-
» rité de ce que vous dites. Les disciples répondirent :
» tu es toujours en méfiance de ce que nous te disons,
» de même que tu t'es défié au temps de la résurrection
» du Seigneur jusqu'à ce qu'il t'eût donné la certitude et
» qu'il t'eût montré la trace des clous dans ses mains et
» de la lance dans son côté. Alors Thomas répondit :
» vous savez que je suis Thomas, et je n'aurai pas de
» repos jusqu'à ce que j'aie vu le sépulcre où a été en-
» seveli le corps de Marie, sinon je ne croirai pas. Alors
» Pierre se leva avec colère et promptitude, et les disci-
» ples l'aidèrent à ôter la pierre et ils entrèrent dans la
» caverne et ils n'y trouvèrent rien, ce qui leur causa
» une grande surprise, et ils dirent : nous nous sommes
» absentés et nous disons que les juifs ont enlevé le
» corps afin d'en faire ce qu'ils voulaient. Et Thomas

» répondit : ne vous affligez pas, mes frères, lorsque
» j'arrivai de l'Inde sur une nuée, je vis le corps saint
» accompagné d'un grand nombre d'anges, et il montait
» avec eux en triomphe dans le ciel, et je demandais, a-
» vec de grands cris, que la bienheureuse Marie me bé-
» nit, et elle me donna cette ceinture. Lorsque les dis-
» ciples la virent, ils louèrent Dieu avec ferveur..... »
(chap. IV). Il est juste d'observer que la tradition de ce
don de la ceinture de la Vierge à St Thomas s'était conservée en Occident. Au xve et au xvie siècle l'iconographie n'oublia pas cet épisode et on le trouve représenté
sur un vitrail de l'église de Brou. (DIDRON, *Manuel
d'icon. chrét.*, pag. 287).

LES NOUMBRES

Un, fai lou pichot fiou de la viergi Mario,
　　Que benid' sie la ben lausado !

Dous, es les tauros de Mose; (¹)
Un fai lou pichot fiou de la viergi Mario,
　　Que benid' sie la ben lausado !

Tres, es la patrio, (²)
Dous les tauros. . . . . . .

Quatre, es les quatre evangelistos de Diou
Que soun Jacques, Mathiou, Jean et Marc d'abriou, (³)
Tres la patrio. . . . . . .

Cinq, es les cinq plagos de Jesus-Christ,
Quatre les quatre evangelistos. . . . . . .

Siei, es les siei lampis que velhoun dins Jerusalem,
Cinq les cinq plagos. . . . . . .

Sept, es les sept joyos de la mero de Diou,
Siei les siei lampis. . . . . . .

Huech, es les huech armetos
     Que descendoun doou ciel en terro, (⁴)
Sept les sept joyos. . . . . . .

Noou, es les noou offros de sant Jause, (⁵)
Huech les huech armetos. . . . . . .

Dez, es les dez coumandaments de Diou,
Noou les noou offros. . . . . . .

Ounze, es les ounze rayouns de la luno,
Dez les dez coumandaments. . . . .

Douze, es les douze rayouns doou soureou,
Ounze les ounze rayouns. . . . . .

Treze, es les treze millo viergis,
Douze, les douze rayouns doou soureou,
Ounze, les ounze rayouns de la luno,
Dez, les dez coumandaments de Diou,
Noou, les noou offros de sant Jause,
Huech, les huech armeto descendudos doou ciel en
Sept, les sept joyos de la mero de Diou,   [terro,

Siei, les siei lampis que velhoun dins Jerusalem,
Cinq, les cinq plagos de Jesus-Christ,
Quatre, les quatre evangelistos de Diou,
Tres, es la patrio,
Dous, les tauros de Mose,
Un fai-lou pichot fiou de la viergi Mario
Que benid' sie la ben lausado !

NOTES ET ÉCLAIRCISSEMENTS

(1) Moïse. On reprend à chaque couplet toute la série précédente.

(2) Peut-être :
   Tres, es les tres patriarchos.
Du moins un texte latin porte :
  — *Dic mihi quid sunt tres ?*
  — *Tres sunt patriarchæ.....*

(3) N'est-il pas curieux de trouver au rang des évangélistes St Jacques, l'auteur supposé de ce livre apocryphe connu depuis Postel sous le titre de protévangile de St Jacques le Mineur ?

(4) Peut-être les huit béatitudes ; le cantique latin autorise cette interprétation.

(5) Une variante porte :

Noou, es les noou freros de Sant Jause.

Nous avouons humblement notre impuissance à expliquer l'une ou l'autre de ces versions.

———

Sous le titre de *Ar rannou, Les séries*, M. de la Villemarqué a publié un chant populaire breton ayant avec le nôtre la plus grande analogie de forme et offrant un résumé, parfois énigmatique, de l'enseignement des Druides. « Un fait, ajoute-t-il,
» qui donne à l'œuvre du barde armoricain une
» importance qu'on n'aperçoit pas d'abord, c'est
» qu'il en existe une contre-partie latine et chré-
» tienne. Ce fait prouve que les premiers apôtres
» des bretons firent aux monuments de la poésie
» païenne de ce peuple la même guerre habile et
» une guerre du même genre qu'aux monuments
» matériels de sa religion. Les missionnaires, loin
» de les détruire, transportèrent donc la forme, le
» rhythme, la méthode élémentaire, toute l'enve-
» loppe païenne du chant druidique dans la contre-
» partie chrétienne ; l'enseignement seul fut chan-
» gé. L'apôtre emprunte au Druide son système
» pour le combattre. Si l'un tire de ses poèmes sa-
» crés la doctrine qu'il inculque à ses disciples au
» moyen des douze premiers nombres douze fois
» répétés, l'autre, adoptant les mêmes chiffres, at-
» tache à chacun d'eux une vérité tirée de l'ancien
» ou du nouveau Testament appropriée au sujet et

» que les jeunes néophytes retiendront aisément
» par l'effet des répétitions. » (¹)

Le chant provençal a-t-il la même origine ? Nous n'oserions l'affirmer, pas plus que nous nous hasarderons à expliquer certaines parties que nous aurions regardé comme le fruit de l'ignorance du chanteur si des versions recueillies en des lieux différents ne concordaient pas toutes précisément sur les points les plus énigmatiques, tels que les offres ou les neuf frères de S¹ Joseph, le nombre des rayons de la lune ou du soleil, la mention de treize mille vierges au lieu des onze mille martyres de Cologne. Nous les livrons tels quels à la sagacité du lecteur, regrettant de ne pouvoir l'aider dans la solution du problême, si solution il y a.

(1) DE LA VILLEMARQUÉ, *Barzaz-Breiz*, 1, 2.

LOU CRUCIFIX

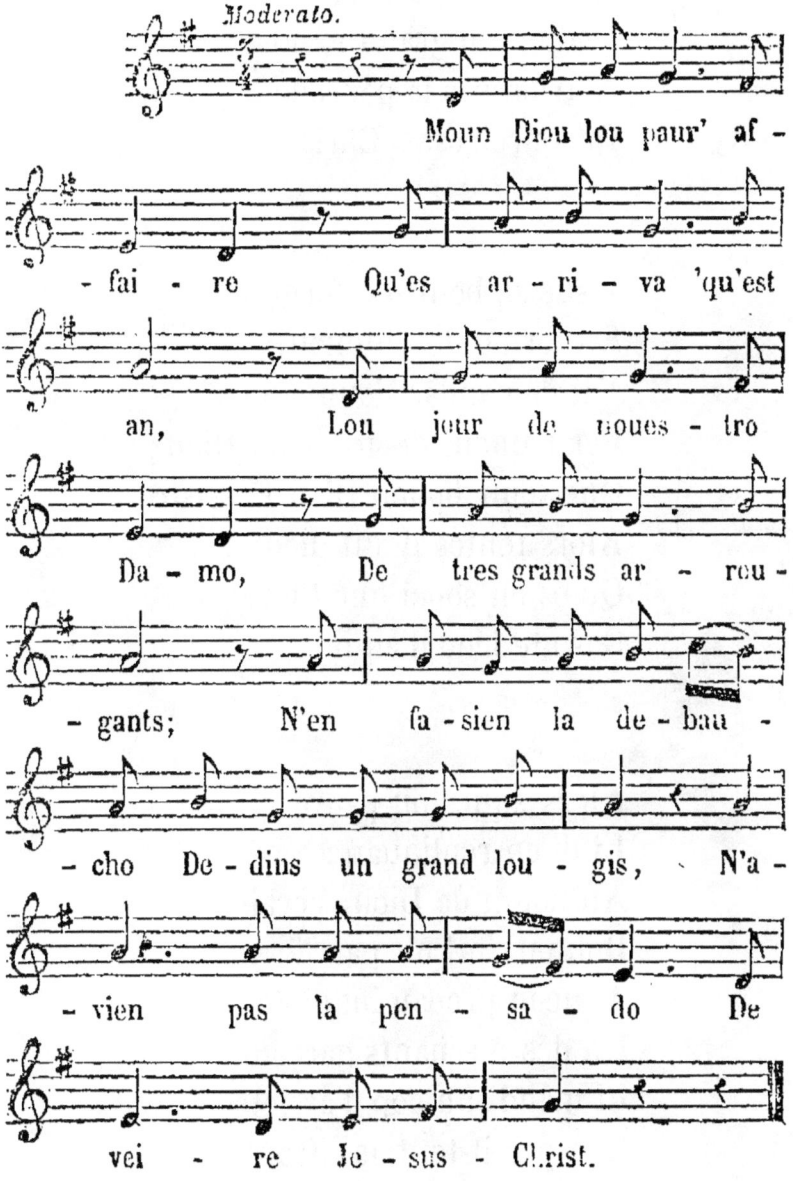

Moun Diou, lou paur' affaire
Qu'es arriva 'quest an,
Lou jour de nouestro Damo,
De tres grands arrougants :
N'en fasien la debaucho
Dedins un grand lougis,
N'avien pas la pensado
De veire Jesus-Christ.

Jesus se bout' en formo,
En formo de roumiou,
Vai demandar l'oumoino
Per l'amour dooubouen Diou ;
Que toun bouen Diou t'assiste,
Alors toutes li ant dich,
Qu es en souci que l'iste,
Garo te leou d'aquit.

Alors aquestou paure
Li di en repliquan :
Au noum de Diou, pecaire,
Dounetz m' un pau de pan ;
Aqueou prepau inquieto
Un des mechants garçouns
Li mand' un cop d'assieto
Li a partit tout lou front.

Es toumbat mouert d'esquino
Lou visagi sanglant,
Et jusqu'à la cousino,
L'oustau es plen de sang,
En vesen cavo taro
Dien : gardem lou secret,
Fau escoundre lou paure
Dins un liech ben cubert.

Oh ! vai-te n'en , chambriero,
Sa camiso lavar,
Vai-t'en à la riviero,
Gardo te de parlar ;
Long doou camin rescontro,
Rescontro à soun tour,
Uno tant belo damo
Plus claro que lou jour.

Oh ! digo tu, servanto,
Digo la verita,
Aco 's la camiseto
Dou fiou qu' iou ai pourtat ;
Se la prend et la freto,
La fret' entre ses mans,
S'es jamai vist de linge
Que venguesso tant blanc. (¹)

Oh ! digo nous, chambriero,
As ben leou agut fach,
Au men l'as ben lavado,
Anem la li boutar. . . . .
Duerboun lou liech, ly trovoun
Qu'un tant beou crucifix,
Qu'acot nous represento
La mouert de Jesus-Christ.

NOTES ET ÉCLAIRCISSEMENTS

(1) Dans une autre version il n'est pas question de cette apparition de Marie, et c'est entre les mains de la servante que s'opère le miracle du blanchissage de la chemise par le simple frottement.

A une époque, qu'on peut approximativement fixer à la fin du xvi⁰ siècle, un grand nombre de chants populaires subirent une transformation et prirent la forme de la complainte moderne. C'est de ce temps que datent, pour citer des exemples connus de tous, *Adélaïde et Ferdinand*, *Damon et Henriette*, *Le Juif-errant*, et ces traductions en prose des chansons de geste qui font partie de la bibliothèque bleue. Le cantique du *Crucifix*, dans sa forme actuelle, nous paraît dater de cette époque, mais il conserve trop de traces de mœurs plus anciennes pour ne pas y reconnaître un simple rajeunissement d'une composition antérieure.

Le miracle qui fait le fond de cette légende était fort populaire au moyen-âge. Un jour, pendant l'absence de son mari, S¹ᵉ Elisabeth de Hongrie « vit un petit lépreux dont l'état était si déplorable
» que personne ne voulait plus le soigner. Elle le
» prit, le baigna elle-même, l'oignit d'un onguent
» salutaire, et puis le coucha dans le lit même
» qu'elle partageait avec son mari. Or il arriva
» justement que le duc revint au château pendant
» qu'Elisabeth était ainsi occupée. Aussitôt sa mère
» court au devant de lui, et, comme il mettait pied
» à terre, elle lui dit : cher fils, viens avec moi, je
» veux te montrer une belle merveille de ton Elisa-
» beth, tu verras quelqu'un qu'elle aime bien
» mieux que toi. Puis le prenant par la main, elle
» le conduisit à sa chambre et à son lit, et lui dit :
» maintenant regarde, cher fils, ta femme met des
» lépreux dans ton lit, sans que je puisse l'en em-
» pêcher : elle veut te donner la lèpre ; tu le vois
» toi-même. En entendant ces paroles, le duc ne
» put se défendre d'une certaine irritation et en-

» leva brusquement la couverture de son lit. Mais
» au même moment, selon la belle expression
» de l'historien, le Tout-Puissant lui ouvrit les
» yeux de l'âme et, au lieu du lépreux, il vit la
» figure de Jésus-Christ crucifié, étendu dans son
« lit. » (¹)

(1) MONTALEMBERT, *Hist. de Ste Elisabeth*

LA MUTO

L'y avie 'no bargeireto } bis.
Que gard' au champ
Uno tant belo damo } bis.
Li vai davant.

— Ah! digo, bargeireto,
  Belle Isabeau
Veux-tu que je te prenne
  Un des agneaux.

— A moun per' à ma mero
  Parler me faut;
— Ah! vai li lou dounc dire,
  Belle Isabeau.

— L'y a uno tant belo damo
  Dins moun troupeou,
Que me di que voou prendre
  Un des agneous.

Vaqui 'n per' uno mero
  Ben estounats,
Per uno filho muto
  A ben parlat.

— Ah vai li lou leu dire,
  Bel' Isabeou
Que sount à soun servici
  Jusqu'au plus beou.

— Et que t'a di toun pero,
  Bel' Isabeou?

— Sount à vouestre servici,
   Tout lou troupeou.

Au bout de cinq semanos
   Ven à mourir.
. . . . (¹)

Et li mand' uno lettro
   Per un escrit
Que n'en es la servanto
   De Jesus-Christ.

---

(1) Lacune que nous n'avons pu combler

LA FOUENT DE SANT JAUSE

Eilà l'y a 'n bouyer
Que n'en labouravo,
 Sant Jause !
Que n'en labouravo.

Rescontro Gaspard
Que plour' et souspiro,
 Sant Jause !
Que plour' et souspiro.

— Que n'as-tu, Gaspard,
Que ploures, souspires,
 Sant Jause !
Que ploures, souspires?

— Iou ai fouesso set,
Voudriou un pau beure,
 Sant Jause !
Voudriou un pau beure.

— Pico sur lou roc
L'y trouvaras d'aigo,
　　Sant Jause !
L'y trouvaras d'aigo.

— Pouede pas picar
La roco m'empacho,
　　Sant Jause !
La roco m'empacho.

Cougno l'y lou det. . . . .
La roco s'escarto,
　　Sant Jause !
La roco s'escarto.

Aro, bouen Gaspard,
D'aigo t'ai mandado,
　　Sant Jause !
D'aigo t'ai mandado.

Ah ! buvetz premier
Me l'avetz dounado,
　　Sant Jause !
Me l'avetz dounado.

Vai à Coutignac
Pourtar la nouvelo,

Sant Jause !
Pourtar la nouvelo.

Jour de sant Medard
Grand messo nouvelo
Sant Jause !
Grand messo nouvelo.

Communiqué par M. ALLÈGRE.

C'est le récit de l'invention de la fontaine miraculeuse de S' Joseph. « Ce même jour septième
» juin, auquel la Reyne (Marie-Thérèse femme de
» Louis XIV) prenant congé du Roy son père, sor-
» tit de l'isle de la Conférence et entra dans la
» France, en ce même jour fut trouvé au terroir
» de Cotignac, à demy-lieue de la chapelle de Notre-
» Dame de Grâce, cette si celebre Fontaine de S'
» JOSEPH par un jeune homme assez simple nom-
» mé Gaspar, travaillant à la campagne, natif et
» habitant du même lieu de Cotignac, qui dit qu'es-
» tant extrèmement altéré de soif, desirant de l'eau
» pour se rafraichir, un bon vieillard s'apparut à
» luy ; et après luy avoir indiqué l'endroit où il en
» trouveroit, s'il ôtoit un rocher de sa place ; l'ayant

» trouvée, ce vieillard disparut, ayant auparavant
» appris qu'il avait nom Joseph. Fontaine qui a fait
» au commencement de son invention de luy une
» infinité de miracles ; et où de tous les endroits de
» cette Province et de ses voisines, accouroient des
» infirmes et des malades de toute sorte dont la
» pluspart s'en retournoient ou entièrement guéris
» ou bien consolez en leurs infirmités. » (¹)

Notre ami M. Octave Teissier a publié dans son *Histoire de la commune de Cotignac* (chap. x) toutes les pièces relatives à ce miracle conservées dans les archives municipales. Nous remarquons que les consuls sont bien moins affirmatifs que notre vieil historien, car on lit dans la délibération du 25 juillet 1660, la première où il soit parlé de la source, « auquel conseil MM. les consuls ont pro-
» posé que Gaspard Riquart d'Estienne (plus loin
» et dans d'autres pièces on écrit Ricard), berger
» dudit lieu, a trouvé une petite fontaine *à ce qu'on*
» *dit* par bonheur comme par révélation du bien-
» heureux S¹ Joseph, au terroir dudit lieu et aux
» terres gastes de la commune, sur le penchant du
» Bessillon, laquelle *on dit* que l'eau dicelle a beau-
» coup de qualités et fait beaucoup d'opérations. »

Corneille Thomas a supposé que l'eau aurait jailli à la prière d'un laboureur nommé Joseph qui pressé par la soif se réclama de son patron. Notre cantique qui paraît contemporain de l'événement explique cette contradiction puisque le vieillard qui guida Gaspard était *un bouyer que n'en labouravo*. De plus il donne raison à la date du 7 juin assignée par Bouche puisque le 8, jour de S¹ Médard, on dit *grand messo nouvelo*.

(1) BOUCHE, *Hist. de Provence*, II, 1040 ; V. aussi
I, 256.

Le rapprochement que fait Bouche de l'invention de la source avec le mariage de Louis XIV nous semble jeter quelque jour sur cette histoire, quand on se souvient des révélations du frère Fiacre sur la naissance de Louis XIV et du pèlerinage de ce prince à Notre-Dame de Grâces de Cotignac, sur l'autel de laquelle il fit déposer plus tard son contrat de mariage et le traité des Pyrénées. (¹)

(1) Consulter O. TEISSIER, op. cit., chap. VI et VII.

LOU JOUR DES MOUERTS

Lou preir' a mes la capo rougeo,
    Din dan, din dan, bon !
Lou preir' a mes la capo rougeo,
Et tous les sants doou Paradis
Dins lou ciel se soun rejouits. (¹)

Lou preir' a mes la capo negro, (²)
Et les amos des trepassats
Dins lou çamenteri ant plourat.

— Sounaire, vai-t-en au cluchier,
Et soueno que tu sounaras
Per les amos des trepassats.

Soueno la clocho de sant Jean :
Preguetz tous per les mouerts, preguetz,
Preguetz, bouenos gens, que velhetz. (³)

Quand n'es istat la miejo-nuech,
La luno blanc' a clarejeat,
Lou çamenteri a blanquejeat.

— Sounaire, que vies dins lou claus ?
— Iou n'en viou les mouerts revelhats
Que se dreissoun sur ses foussats.

N'y avie ben sept mill' et cinq cents,
Au bord d'ounte cadun sourtie
Quittavoun ce que les vestie.

Leissavoun ses suzaris blancs,
Accoumplissien soun jugeo*ment,*
Et marchavoun pietouso*ment.*

N'y avie ben mill' et cinq cents
Que se mettien a dous ginoux
Ounte l'y avie de santos croux.

N'y avie ben mill' et cinq cents
Que s'arrestavoun en plourant
A la pouerto de ses enfants.

N'y avie ben mill' et cinq cents
Que s'enanavoun escoutar
Ount' entendien quaucun pregar.

N'y avie ben mill' et cinq cents
Qu'à l'escart ant toujours gemit
En resent que n'ant plus d'amics. (⁴)

Mai quand lou gau blanc s'espousset
N'en prengueroun soun linsoou blanc,
Un ciergi allumat à la man.

Mai quand lou gau rouge cantet,
Canteroun la santo passien
Et fagueroun la proucessien.

Mai quand lou gau daurat brilhet,
Les mans et les dous bras crousats,
Descenderoun dins ses foussats. (')

A la secoundo nuech des mouerts :
Peyre, mounto que sounaras,
Senso poou de ce que veiras.

—Les mouerts, les mouerts me fan pas poou.
—Les mouerts, per eles pregaras,
Se les vies les respectaras.

Quand n'es istat la miejo-nuech
Tous les foussats se soun durbits
Et tous les mouerts n'en sount sourtits.

Se soun anats per tres camins
Ren qu'eme ses 'squeletos blancs,
S'entendien passar en plourant.

Peyre devalo doou cluchier,
Quand la campano de sant Jean
N'en fasie soun barin, baran.

Empourt' un suzari de mouert;
Adounc n'en semblavo plus nuech,
Lou sant claus cro tout en fuec.

La crous benido doou mitan
Adounc se met' à rougejar
Et les estel' à souspirar.

Quand les mouerts soun mai dins lou claus
Cantoun mai la santo passien,
Coummençoun mai la proucessien.

Aqueou qu'avie plus soun linsoou,
Fasie signe doou çamenteri
Que li rendesso soun suzari.

Mai Peyre de partout fermat,
Fermat à clau et ferroulhat,
Regardav' et lou gitet pas.

Eme soun bras, eme sa man,
Faguet signe doues ou tres fes,
Et puis dins lou cluchier intret.

Un brut mountet des escaliers
Les ferroulhs se soun tous brisats
Et les pouertos ant esclatat.

Lou sounaire n'ero tremblan
Mai la campano de sant Jean
Fasie toujours barin, baran.

Au premier cop de l'Angelus
L'esqueleto briset ses oues,
Et toumbet au soou troues à troues.

Peyre dins soun liech se couchet,
  Din dan, din dan, bon !
Peyre dins soun liech se couchet,
Tout repentent se counfesset,
Et tres jours apres trepasset.

Communiqué par M. ALLÈGRE.

---

(1) Ce premier couplet se rapporte à la fête de la Toussaint, établie en 607 à l'occasion de la dédicace du panthéon d'Agrippa sous le vocable de Ste Marie *admar-*

tyres. Cette fête fut d'abord une fête en l'honneur des martyrs et l'Eglise revêtait par conséquent des ornements rouges. Plus tard quand elle fut devenue la fête de tous les saints la couleur des ornements changea. Cependant au temps de Guillaume Durand quelques églises, en souvenir de l'institution primitive, conservaient encore les vêtements rouges. *Rursus qui in festo omnium Sanctorum rubeis utuntur ex eo moventur quia festum illud primo in honorem martyrum tantum institutum fuit. Sed responderi potest quod imo etiam in honore beate Virginis et hodie ex institutione Gregorii* VII *festat Ecclesia dies illa etiam pro confessoribus et virginibus.* (RATIONALE DIVINORUN OFFICIORUM : LIB. III, *de quatuor coloribus*..... E. 3 v°, ed. de 1478. Conf. LIB. VII, *de festo omnium Sanctorum,* M. 8.

(2) On sait que l'Eglise est dans l'usage de chanter, à l'issue des vêpres de la Toussaint, l'office des morts pour lequel elle prend les ornements noirs.

(3) Réminiscence évidente du cri du *clocheteur des trépassés* qui, au moyen-âge, précédait les convois funèbres en agitant lentement une sonnette et en criant par intervalles :

> *Réveillez-vous, gens qui dormez,*
> *Priez Dieu pour les trépassés.*

Cette coutume existait encore sous Louis XIV, comme le prouve une ode de S*t* Amand intitulée *La nuit.* Aujourd'hui encore dans quelques villages de l'Embrunois et du Briançonnais les pénitents parcourent processionnellement les rues, pendant la nuit des morts, en portant des torches allumées et en répétant :

> *Reveillez vous, gens qui dormez.*
> *Priez Dieu pour les trépassés.*

(4) Nous croyons qu'il manque un couplet après celui-ci. Les six qui précèdent paraissent en effet une de ces énumérations dans lesquelles, après avoir donné un total, on détaille les parties qui le composent, figure souvent employée dans les livres sacrés. Ainsi, par exemple, dans le passage de l'Apocalypse qu'on dit comme Epître à la messe de la Toussaint, l'Apôtre, après avoir dit que le nombre de ceux qui étaient marqués au front comme serviteurs de Dieu était de cent quarante-quatre mille, reprend : il y en avait douze mille de marqués de la tribu de Juda, douze mille de la tribu de Ruben, douze mille..... (Apoc., vii, 4 et suiv.).

(5) Dans les deux premiers des trois couplets qui précèdent il s'agit d'un coq naturel, dans le dernier au contraire du coq qui surmontait le clocher. C'est le premier reveil du coq au milieu de la nuit, son premier chant à la prime aube, enfin le premier rayon du soleil faisant briller le coq doré de la flèche. Le passage suivant d'un petit poème antérieur au xve siècle, espèce de parallèle entre le prêtre et le coq de son église, nous paraît justifier cette explication :

> *Gallus numquam negligit tempus vespertinum ;*
> *Sed cum suis subditis volat ad supinum.*
> *Ut, in nocte media, tempus matutinum*
> *Servis dei praecinat ad opus divinum.......*

Gallus, noctis media, studet personare,
Ante cantum fortiter alis ventilare :
Sic sacerdos providus, seminoctis hora,
Ad laudandum dominum surgit sine mora.

(ED. DU MERIL, *Poésies populaires latines*, pag. 14).

LOU PASTIS

N'en maridoun Françoiso *(bis)*
Tant jouino li ant douna 'n marit
Qu'elo lou sabie pas sarvir.

A 'no cruelo mero
Que toujours ven dir' à soun fils,
Quhouro Françoiso fas mourir.

Quand ven per mettre tauro
Li a mes de pan et de vin
Et d'aigo fresco doou bassin.

— Françoiso, ma Françoiso
N'en auriatz degun par amic
Que vous engarde de mourir ?

— Ai moun per' et ma mero
Eme vous que siatz moun marit,
M'engardariatz ben de mourir.

Quand se sount mes à tauro
Lou premier mouceou qu'el' a fach
Un cop de couteou li a dounat.

Alors la prend, l'embrasso,
La descende dins lou jardin
Souto la flour doou jaussemin.

Desranco soun espeio
Cinq ou sici cops ni a dounat
L'enfant doou ventre li a tirat.

— Aro, tenetz, ma mero,
Vaquit vouestre plus grand desir
Puisque François' ai fach mourir.

— Mai que nen pourriam faire ?
Nen foudra faire un gros pastis
Sur tauro lou foudra servir.

L'enfantoun de Françoiso
Lou foudra mettre dins un plat
Puis au fournier lou fa' pourtar.

— Fournier que tu m'enfournes,
Auparavant de m'enfournar
Me deouries faire batejear.

Lou fournier se reviro,
Se reviro tout estounat
D'entendre un pastis parlar.

— Grand Diou ! que grand miracle
De veire 'n enfant desoussat
Demandar d'estre batejeat.

Ant cridat la justici,
Quand la justici est arrivad'
Lou pichot a tournat parlar.

— Que farem à toun pero ? *(bis)*
— L'un sie pendut, l'autre brulat,
L'autre lou fau escarteirar.

Cette légende de la victime recouvrant la parole pour accuser l'assassin se retrouve fréquemment dans les complaintes provençales et notre recueil en contient plusieurs exemples. Elle se lie à cette croyance, générale au moyen âge, que le sang jaillissait du cadavre à l'approche de son meurtrier, croyance qui n'était elle-même que la traduction matérielle des paroles adressées par le Seigneur à Caïn après son crime : *Vox sanguinis fratris tui clamat*. La confrontation encore en usage dans les instructions criminelles ne paraît pas avoir d'autre origine.

FLURANÇO

N'en maridoun Fluranço,
Liroun, lan fa de la lira,
La flour d'aquest pays,
Lariri,
La flour d'aquest pays.

La maridoun tant jouino
Se saup pa 'nca vestir.

Soun marit vai en guerro
Per la laissar grandir;

Lou diluns l'a 'spousado
Lou dimars es partit.

Au bout de sept anneios
Lou galant touern' aquit,

Doou ped piqu' à la pourto :
Fluranço vene durbir ?

Sa mero souert' à l'estro :
Flurança' es plus eicit,

L'aviam mandad' à l'aigo
A plus sauput venir,

Les mourous l'ant raubeio,
Les mourous sarrasins.

— Mai ounte l'ant meneio ?
— Cent legos luench d'eicit.

— Farai fair' uno barco
Tout d'or et d'argent fin ;

N'ai de souliers de ferre
Quand les deurio gausir,

Fau que la vague querre
Quand sauriou de mourir.

Sept jours, sept nuechs camino
Sens degun ague vist,

Hormis les lavandieros
Que lavoun des draps fins. (¹)

— Diguetz les lavandieros
Que lavetz de draps fins,

De qu es aquelo tourre
Et lou casteou d'aquit?

— Es lou casteou doou mourou
Doou mourou sarrasin.

— Coumo iou pourriou faire
Per l'y intrar dedins?

— Habilletz-vous en modo
D'un paure pelerin,

Demandetz-li l'oumoino
Au noum de Jesus-Christ.

— Fluranço, fai l'oumoino
A gens de toun pays.

— Coumo fariou l'oumoino
A gens de moun pays,

Que les auceous que voloun
N'en saurien pas venir,

L'y a que la dindouleto
Que fai soun nis eicit.

Mete tauro, servanto,
Lou paure din' eicit,

Fai lou lavar, servanto,
Dedins lou plat bassin. (²)

Doou temps que sount à tauro
Fluranço se s'en ris.

— De que risetz, madamo,
Que vous trufetz de mi?

— Iou pas de vous me trufe,
Que siatz lou miou marit.

Anem leou à la chambro
Se cargarem d'or fin,

Anem leou à l'estable
Ounte sount les roussins,

Mountaras sur lou rouge
Et iou dessus lou gris.

Quand sount sur lou pouent d'armo
Lou mour' ant vist venir.

— Sept ans te l'ai vestido
Doou damas lou plus fin,

Sept ans te l'ai caussado
De peou de marouquin,

Sept ans te l'ai couchado
Dedins de beous draps fins ;

Se sept ans l'ai gardado
Liroun, lan fa de la lira,

Es per un de mes fils,
Lariri,
Es per un de mes fils. (³)

NOTES ET ÉCLAIRCISSEMENTS

(1) Variante languedocienne de Paulhan (Hérault) :

Aqui troubail de fennos
Que deraboun de lin.

Dans une autre version chantée à Ganges il rencontre des lavandières :

— *Adicias bugadieros,*
— *A mai à vous, Dauphi.*

(2) Probablement une aiguière d'argent.

(3) Nous avons entendu ajouter ce couplet final qui nous paraît une interpolation moderne :

Qu fouguet lou taroun ?
Lou mourou sarravin.

En nous communiquant trois versions languedociennes de cette romance dans lesquelles l'héroïne porte le nom de l'*Escriveto,* M. le professeur Germain y joint cette note : « Le nom de l'Escriveta
» est historique, et une maîtresse de pension de
» Montpellier m'a affirmé avoir eu pour élève, il y a
» quelques années, une héritière de ce nom, la fille
» du marquis Escrivay de Monistrol, que ma fem-
» me élevée dans la même pension a parfaitement
» connue, et dont la famille habite Barcelone. Le
» marquis Escrivay de Monistrol, qui avait pris part
» aux mouvements politiques de l'Espagne en fa-
» veur de don Carlos, s'était alors retiré à Montpel-
» lier, et il avait choisi cette ville de préférence
» à toute autre parce que, disait-il, il s'y trouvait
» attiré par de vieilles traditions domestiques, le
» château de l'Escriveta, dont il se vantait de des-
» cendre, ayant été situé aux environs de Montpel-
» lier dans le voisinage de Mireval ; et le marquis
» Escrivay de Monistrol indiquait, comme marquant
» l'emplacement de ce manoir, une ancienne tour
» qui se voit encore effectivement sur la droite de ce
» village, non loin de la mer et d'une position assez
» élevée. Mais il faut en général se méfier de gé-
» néalogies qui prétendent remonter si haut. L'his-
» toire et la ballade de l'*Escriveta* ont été telle-
» ment populaires au moyen âge dans les environs
» de Montpellier que le nom y est resté et s'emploie
» encore aujourd'hui, du côté de Ganges, pour
» désigner une femme de petite taille et ché-
» tive. » Ajoutons comme rapprochement, peut-être fortuit, que le nom de Florence de la version

provençale est celui d'une sainte martyrisée non loin de Mireval, à *Cessero* aujourd'hui Saint-Thibéri.

Il existe aussi une leçon catalane de cette romance, dont voici quelques fragments d'après le recueil de M. Mila y Fontanals. Nous choisissons de préférence la fin qui diffère un peu du texte provençal :

Mare tireu-me la capa — la capa de aná' á servi',
Que m'en aniré pel mon — á captar del pa y del vi.
No'm doneu la mes bonica — ni tampoc la de sati,
Sino aquella mes pobreta — la que solia vesti !
Ya l'en vetz á la finestra — que s'afanyaba a cusi',
L'agulla n'era de plata — el didal n'era d'or fi.
« ¿ Vol fer caritat, Arcisa, — á aquest pobre pelegri ? »
— « Torneu demá á las nou horas — á las nou del demati
Que yo seré la mestressa — de tot lo que hi haurá aqui. »
El rey moro se ho escolta — passejantse pel jardi.
« Fesli caritat Arcisa — á aquest pobre pelegri,
Parali la taula blanca — del bon pa y del bon vi. »
Mentre paraba la taula — l'Arcisa ya'n fa un sospir :
« ¿ De que suspira, senyora — de que llansa aquest sospir? »
« — Prou me tinc que sospirar — que vos sou el meu marit. »
« — ¿ Vols venir, hermosa Arcisa — linda Arcisa vols vení ? »
« Si per cert, lo senyor comte — que ya fossim pel cami.
S'en anireu al estable — á triá 'l millor rossi
Yo m'en aniré á la cambra — á triá 'ls millors vestits »
Quant el moro s'en adona — l'Arcisa era pel cami.
« Si yo t'hagués conegut — no haurias entrat aqui »
Prompte s'en van al estable — á ensillá 'l millor rossi

Quant n'es á passar per l'aigua—el pont se va mitx parti'!
«Ara si que vetx be, pobre—qu'es per tu y no per mi.»(¹)

Dans une autre version catalane que nous avons la jeune femme s'appelle l'*Escrivana*, preuve évidente d'identité avec la composition languedocienne.

(1) Mère, donnez-moi ma cape, ma cape de domestique — que je m'en irai par le monde demander mon pain et mon vin, — ne me donnez pas la plus jolie, non plus celle de satin — mais donnez-moi la plus misérable, celle que j'avais coutume de vêtir. — Il l'aperçoit à la fenêtre, cousant avec affection — l'aiguille est d'argent, le dé est d'or fin. — Faites la charité, Arcise, à ce pauvre pèlerin; — retournez demain à neuf heures, à neuf heures du matin — que je serai la maîtresse de tout ce qu'il y aura dans la maison. — Le roi maure qui l'entend, promenant dans le jardin : — faites la charité, Arcise, à ce pauvre pèlerin. — mettez sur la table du linge blanc, du bon pain et du bon vin. — Pendant qu'elle met la table, Arcise a poussé un soupir, — de quoi soupirez-vous, madame, pourquoi poussez-vous ce soupir ? — j'ai bien de quoi soupirer, car vous êtes mon mari. — Veux-tu venir belle Arcise, gracieuse Arcise veux-tu venir. — Soyez certain, seigneur comte, que je voudrai déjà être en route. — Allez à l'écurie choisir le meilleur cheval — moi j'irai à la chambre choisir les plus beaux habits. — Quand le maure s'en est aperçu, Arcise était partie : — si je t'avais connu tu ne serais point entré chez moi. — Il court à l'écurie seller son meilleur cheval — quand il vient pour traverser l'eau, le pont s'est partagé, — « maintenant je vois, infortuné, qu'elle est pour toi et non pour moi.
(Romancerillo catalan, n° 9, *la hija del Mallorquin).*

MIANSOUN

— Miansoun, fremo gentil,
Presto-me tes anneous d'or fin. (¹)

Miansoun senso mau pensar
Ses tres anneous d'or a prestat.

S'en vai trouvar un argentier :
Fetz-me leou tres anneous pariers,

Fetz-me les pichots et mignouns
Coum' aqueles de Miansoun.

Quand les anneous fougueroun fachs,
A Miansoun les a tournats,

Li a dich : te, fremo gentil, (²)
Que voues mandar à toun marit ?

— A moun marit li mande iou
Que sa fremo n'a fa 'n beou fiou.

Doou plus luench que l'a vist venir
Li a dich : que fan à moun pays ?

— L'y vai tout ben à toun pays,
L'y vai tout mau à toun lougis,

L'y a ta fremo qu'a fa 'n beou fiou
Que n'en es plus leou miou que tiou,

Se voues pas me creire v'aquit
V'aquit ses tres anneous d'or fin.

D'aquit s'en parte courrouçat, (¹)
Touto la nuech a galoupat.

Degun, degun l'a vist venir
Que sa mero qu'es au jardin.

— Hai ! Miansoun, fremo gentil,
Ai vist venir lou tiou marit,

Que ven pas coum' un hom' amat,
Mai coum' un homme courrouçat,

Presento li l'enfant au bras
Que beleou lou rejouira.

Li presento l'enfant au bras
Des escariers lou fai vourar.

— Hai ! moun marit, que dounc avetz
Que n'avetz tuat l'enfant doou bres ?

— Ah ! taiso-te, que dins l'instant
Te n'en vau faire tout autant :

Et la prend par ses chevux blounds
L'estaqu' à la coue de grisoun,

Et par carriero, par cantoun
Raio lou sang de Miansoun.

Quand l'aguet proun fach tirassar,
Dedins soun liech la fai pourtar :

Ah ! Miansoun, fremo gentil,
Ounte sount les anneous d'or fin ?

— Prenetz les claus à moun couissin,
Durbetz lou coffre, sount dedins.

N'a pas virat un tour ou dous
Que les anneous lusoun partout.

— Oh ! Miansoun, fremo gentil,
Que pourriou far per te garir ?

Tuarai poulas, gaus, et capouns
Per n'en garir ma Miansoun.

— Oh ! noun, vouere pas garir, iou,
Parcequ'as escrachat moun flou.

— Pregarem Diou et sant Andriou
Que lou mouert redevengue viou.

Mai sant Andriou a respoundut
Que l'enfant mouert revendrie plus.

Alors soun espas' a tirat
Dedins lou couer se l'es plantad'.

Helas ! grand Diou ! que cop mourtau,
Veire tres corps dedins un trau !

NOTES ET ÉCLAIRCISSEMENTS

(1) Le début de cette romance est évidemment tronqué La version piémontaise peut servir à combler cette lacune qu'on remarque également dans l'ancienne leçon française :

Prinsi Rajmond si vòl maridé,
Dama gentil l'ha fajt dimandé,
Da li doj di ch' l'ha 'vüla sposá,
Prinsi Rajmond an guera l'e andá.
Da li tre di che via l'é sté
Düca d'Ambó la va tormenté.
— Düca d'Ambó, chité me castel,
Se d'no, la testa vi fasso copé. —
Düca d'Ambó l'é stajt dispetos
L'é andajt an pjassa da l'indorador.... (*)

(2) Ces mots *fremo gentil* qui reviennent à plusieurs reprises riment toujours avec un mot en *i*. Or dans l'ancien roman les adjectifs qui, en latin, n'ont qu'une terminaison pour le masculin et le féminin, n'en ont qu'une aussi pour les deux genres. Ce n'est qu'au xve siècle

---

* Le prince Raimond veut se marier, dame gentille il a fait demander — deux jours après qu'il l'eût épousée prince Raimond part pour la guerre. — Trois jours après qu'il fut parti le duc d'Ambo tente de séduire sa femme. — Duc d'Ambo, quittez mon château ; si non je vous fais couper la tête. — Le duc d'Ambo, plein de dépit, va trouver un orfèvre....

qu'ils commencèrent à prendre la forme actuelle qui différencie le féminin. *Gentil* dérivé de *gentilis*, était dans ce cas et nous avons soigneusement conservé cette trace précieuse de l'ancienneté de notre rédaction. Toutes les fois que nous avons entendu cette romance le chanteur disait *frema gentil*, à ce point que chez ces gens illétrés ces deux mots sont devenus comme un nom propre et qu'une interrogation sur leur signification amène invariablement cette réponse que le mari se nommait *Argenti*. Cette persistance de la terminaison féminine en *a* est une nouvelle preuve de cette ancienneté, puisqu'on sait que le changement de cette terminaison en celle en *o* date du XVIe siècle.

(3) Dans une version française recueillie en Suisse par M. Tullio Dandolo, version qui est évidemment l'œuvre d'un versificateur grossier, le mari outragé fond sur le chevalier déloyal et le tue. La même circonstance se retrouve dans la complainte qui accompagne ordinairement ces images enluminées de rouge, de jaune et de bleu qui sortent des fabriques d'Epinal, de Montbelliard ou de Beauvais et dans laquelle les héros de la romance portent les noms d'Adélaïde et de Ferdinand comme dans la narration de la bibliothèque bleue. Il nous paraît que ce combat ne faisait pas partie de la composition primitive puisqu'on ne le retrouve ni dans la version provençale, ni dans les versions piémontaises, ni dans l'ancienne version française Voici comment cette dernière peint le désespoir du mari qui se croit trompé :

Quand il a vu les trois anneaux
Contre la terre il s'est jeté.

Il fut et trois jours et trois nuits
Ni sans boire, ni sans dormir.
Au bout de trois jours et trois nuits
Sur son cheval il a monté.

(E. DE BEAUREPAIRE, *Etude sur la poésie populaire en Normandie*, 74).

———

Dans son remarquable travail sur les chants populaires du Piémont, M. C. Nigra soutient que la romance de Mianson est née en Provence et que c'est de là qu'elle s'est répandue. « L'examen de
» la leçon piémontaise, dit-il, donne une grande
» probabilité à l'origine provençale, et partant à
» l'existence d'une ancienne rédaction provençale
» qui peut-être s'est conservée jusqu'à nos jours
» dans la mémoire de ce peuple. Dans tous les cas,
» quel que soit le pays où ce chant a été composé,
» il est hors de doute qu'il nous est arrivé de Pro-
» vence. Outre les raisons générales que j'ai expo-
» sées ailleurs, desquelles il résulte que les chants
» romanesques communs aux peuples de race latine
» doivent dans le doute, être considérées comme
» provenant, et souvent comme originaires de Pro-
» vence, j'ai pour celui-ci un argument spécial
» dont on ne saurait contester la valeur et qui éta-
» blit, je crois, la probabilité de notre hypothèse.
» Cet argument c'est le type complètement pro-
» vençal des noms des trois personnages qui figu-
» rent dans le drame. Quoiqu'il en soit, l'époque
» de la rédaction primitive et de son passage en
» Piémont ne peuvent, d'après mes conjectures,

» être postérieures à 1300. (¹) » D'un autre côté une tradition suisse veut que l'héroïne fut l'épouse d'un sire de Venel et les guides montrent encore aux touristes le château où se passa la sanglante scène (²). A son tour M. E. de Beaurepaire assure que le souvenir de la châtelaine malheureuse s'attache encore à la tour couronnée d'Alençon, et il est juste d'ajouter à l'appui de cette tradition que la rédaction de la bibliothèque bleue est intitulé : *Histoire des malheurs d'Adélaïde, fille de Tibour, roi de Galice, et de Ferdinand fils d'Ebroïn, roi de Neustrie*. Nous convenons volontiers que c'est là une très-faible autorité historique, mais cette union, si elle était prouvée, donnerait la raison de la popularité du chant dans le midi et le nord de la France, surtout si on en retrouvait des traces en Espagne. Toujours est-il que ce chant est fort ancien. « Les mœurs brutales du mari, l'argentier,
» les trois anneaux, l'ami traître et félon, person-
» nage obligé des anciens romans de chevalerie,
» tout se réunit pour attester l'antiquité de ce dra-
» me domestique, dont la rédaction seule a pu su-
» bir de légères altérations. » (³)

---

(1) COSTANTINO NIGRA, *Canzoni popolari del Piemonte*, Rivista contemporanea, mai 1858.
(2) TULLIO DANDOLO, *la Svizzera considerata nelle sue vaghezze pittoresche*, etc., II, cantone di Vaud, 74.
(3) E. DE BEAUREPAIRE, loc. cit. Conf. BOUCHAUD, *Essai sur la poésie rhythmique*, et le même, *Antiquités poétiques*.

LA FILHO DOOU LADRE

Mon père m'a envoyée au bois,
Au bois cueillir l'olive, } *bis*

*Dans le bois,
Joli bois !*

N'ai tant culhi et reculhi
Que me siou endourmio.

N'ai tant durmi et redurmi
Que la nuech m'a surprio.

Oh ! qu me passarie lou bouesc
Seriou sa douc' amio !

Ven à passar *gai chevalier :
Moi vous le passerie.*

N'en soun pas au mitan doou bouesc
Qu'un poutoun l'a surprio.

— Tiretz-vous arrier, chivalier,
Prendriatz ma maladio.

— *Quelle maladie avez-vous,
Rosette, belle fille ?*

Iou siou la filho d'un ladrie
Nat dins la ladrario. (¹)

Quánd agueroun passat lou bouesc
Roso se met' à rire.

— De que risetz, Roso m'amour,
Rosette belle fille ?

— Rise pas de vouestro beautat
Ni de vouestro soutiso,

Rise d'aver passat lou bouesc
Coum' un' hounesto filho.

— Belo, se vouriatz retournar,
Cent écus vous darie.

—Moun beou moussu, quand l'on la ten, ⎫
Fau plumar la gallino, ⎬ *bis*
    Dans le bois,
    Joli bois !

NOTES ET ÉCLAIRCISSEMENTS

(1) Variante chantée à Nice, communiquée par M. Castel professeur à l'école normale :

> *Se l'y a un sabatier*
> *Que n'a 'na bela filha,*
> *Liroun fa et toun lan la, la deri deraino*
> *Liroun fa et toun lan la, la deri dera.*

> *Se la mandad' au bouesc*
> *Au bouesc culhir d'ouliva.....*

> *En culhen, reculhen,*
> *N'ia toumba en la camia.......*

(2) Une version normande du xvie siècle porte :

> *Je suys la fille d'un mezeau*
> *De cela vous advise.*
> *De Dieu soit mauldit le merdier*
> *Qui la fille a nourrye!*

———

Rey-Dussueil a publié l'analyse d'une autre version provençale dont le dénoûment est fort différent. « Un chevalier, dit-il, rencontre dans un bois une
» fille endormie. Il met pied à terre ; la jeune fille
» s'éveille en sursaut et, frappée de la bonne mine

» du jeune homme, elle s'éprend pour lui d'une vive
» et subite passion. Le chevalier la prie d'amour,
» mais elle le refuse tristement; enfin, sur le point
» de céder, elle le repousse une dernière fois, lui
» apprend qu'elle est fille d'un lépreux, et va mou-
» rir loin de lui :

> » Iou siou la fio d'un ladrie
> » Nach dins la ladrario.
> » — Eh ! que maugrabion lou ladrie
> » Qu'a tant poulido fio.
> » — De t'aver vist, bel chevalie,
> » Me costarà la vido. » (¹)

La forme étrange de cette chanson ferait croire qu'elle a une origine française, mais la circonstance que la jeune fille va *au bois cueillir l'olive* prouve qu'elle a dû naître dans un pays où naît l'olivier. Ce n'est pas toutefois qu'elle appartienne exclusivement à la Provence. Cette ruse d'une fille sauvant son honneur en se donnant pour fille d'un lépreux fut fort goûtée autrefois et on en retrouve la trace dans une de ces historiettes qui abondent dans Béroalde de Verville (²); elle fait partie des chansons normandes tirées d'un manuscrit du xvi⁰ siècle qui accompagnent ordinairement les vaux-de-vire d'Olivier Basselin, mais elle est bien écourtée, bien étiolée, comme une plante transportée dans un climat étranger (³), cependant elle conserve encore

---

(1) Rey-Dussueil, *la confrérie du St Esprit, chronique marseillaise de l'an* 1228, tom. iv, pag. 42.
(2) Beroalde de Verville, *Le moyen de parvenir*, lxxvii, *commitimus*.
(3) *Vaux-de-vire d'Olivier Basselin et de Jean Le Houx*, édit. du bibliophile Jacob, pag. 225.

des traces non équivoques de son origine et l'on a pu voir par le fragment que nous en avons cité, qu'elle reproduit un trait de la chanson publiée par Rey-Dussueil. Enfin on la rencontre en Espagne, non pas dans cette Catalogne dont les chants, comme la langue, se rapprochent tant de la Provence, mais en pleine Castille, dans les *cancioneros,* à côté des romances du Cid et des infants de Lara. Seulement il ne s'agit plus de la fille d'un modeste bourgeois, mais bien de celle du roi de France et de la reine Constantine; le génie espagnol anoblit tout ce qu'il touche :

De Francia partió la niña, De Francia la bien guarnida. Ibase para Paris, Do padre y madre tenia : Errada lleva el camino Errada lleva la via : Vio venir un caballero, Que á Paris lleva la guia. La niña desque lo vió Desta suerte le decia : — Si te place, caballero, Llévesme en tu compañia. — Pláceme, dijo, señora, Pláceme, dijo, mi vida...... En el medio del camino De amores la requeria. La niña desque lo oyera Dijole con osadia : — Tate, tate, caballero, Non hagais tal villania :	La jeune fille était partie de France, de France la jolie : elle s'en allait vers Paris, où elle avait père et mère. — Elle s'est trompée en chemin, elle s'est trompée de route. Elle vit venir un chevalier, lequel dirigeait son cheval vers Paris. La jeune fille dès qu'elle le vit, lui parla de cette manière : « Si cela te plaît, chevalier, emmène-moi en ta compagnie. » — « Je veux bien, dit-il, madame ; je veux bien, dit-il, ma vie. » .... Au milieu du chemin voilà qu'il la requit d'amour. Mais la jeune fille l'entendant lui dit avec fermeté : « Tiens-toi, tiens-toi, chevalier, ne fais point une telle vi-

Hija soy yo de un malato
Y de una malatia,
El hombre que á mi llegase
Malato se tornaria. —
Con temor el caballero
Palabra non respondia,
Y á la entrada de Paris
La niña se sonreia.
— ¿ De qué os reis, mi señora,
De qué os reis, mi vida ?
— Riome del caballero
Y de su gran cobardia,
¡ tener la niña en el campo
Y catarle cortesia !........
— Vuelta, vuelta, mi señora
Que una cosa se me olvida. —
La niña como discreta
Dijó — Yo non volveria
Ni persona, aunque volviesse,
En mi cuerpo tocaria :
Hija soy del rey de Francia
Y la reina Constantinā,
El hombre que á mi llegase
Muy caro le costaria.

lenie. Je suis fille de père et de mère malades, et l'homme qui m'approchera, malade deviendra. » Effrayé, le chevalier ne répondit pas un mot. Et à l'entrée de Paris, la jeune fille se prit à rire. — « De quoi riez-vous, madame ? de quoi riez-vous, ma vie ? » « Je ris du chevalier et de sa grande couardise : tenir une jeune fille dans un champ et lui témoigner tant de politesse ! » .... Retournons, retournons, madame ; car j'ai oublié quelque chose. La jeune fille, comme spirituelle qu'elle était, lui dit: je ne veux point m'en retourner ; et quand même je m'en retournerais, nul ne toucherait à ma personne : je suis fille du roi de France et de la reine Constantine, et à l'homme qui me toucherait il en coûterait fort cher.

(Tesoro de los romanceros y cancioneros españoles, pag. 4. Voir *Romancero espagnol,* traduit par Damas Hinard, tom. II, pag. 268).

LOU REI ET SOUN PAGI

Quand iou ere petito
Petito Margoutoun.
Quand iou ere petito,
　Vivo l'amour !
Petito Margoutoun.

Gardave les fedetos
Aussi les agnelouns. . . .

Aro que siou grandeto
Sount devenguts moutouns. . . .

Aperaquit n'en passo
Lou fiou d'un rei baroun. . . .

Lou rei di à soun pagi
De qu sount les moutouns. . . .

Sount de la bargeireto
Qu'es darnier lou bouissoun. . . .

Desranco toun espeio
Et frappo lou bouissoun. . . .

— Que n'en frappetz-vous, siro,
Que frappetz lou bouissoun ? . . . .

— Frappe pas vous, la belo,
Mai frappe lou bouissoun ; . . . .

Scriatz pas tant jouineto
N'en vendriatz eme iou. . . .

— Siro, per ma jouinesso
Me refusariatz vous ? . . . .

Iou ai coumo l'herbeto
Creisse la nuech lou jour, ...

Creisse mai dins un' houro
Qu'un' autro dins tres jours. . . .

Lou rei di à soun pagi :
Mounto la darnier nous. . . .

Lou pagi li di : mestre
N'autres que n'en farem ? . . . .

— La menarem en chambro
Aqui la nourrirem, ...

Jusquo que siegue d'agi
Puis la maridarem, ...

Quand la filho vent d'agi
Lou pagi 's amourous ; . . . .

N'en vai dir' à soun mestre :
Me la dounariatz-vous ? . . . .

— Arrier, arrier, moun pagi,
Aquo fai pas par vous, ...

N'en fai per qu'aucun autre
Qu'es plus avant que vous, ...

Pouerto les chaussos rougeos,
Lou pourpoint de velours, ...

Lou bounet d'escarlato,
Lou plumachou à l'entour. . . .

— Aquo 's à dire, Mestre,
Que la vouretz per vous
Aquo 's à dire, mestre,
  Et vivo l'amour !
Que la vouretz per vous.

Une variante de cette chanson, communiquée par M. Martini, nous fournit une particularité intéressante. « Ce morceau, dit-il, est très-souvent chanté » par les nourrices et les berceuses. Elles intercal- » lent alternativement entre chaque couplet un des » deux refrains suivants : »

Et de mounte vendra lou sant som
Vendra de l'aurelh' ou doou front ?
Et de mounte vendra lou sant som
Vendra de l'aurelh' ou doou front ?

Nino, nono, nino, nino, bresso,
Nino, nono, la bello Lucresso,
Lou sant som voou pas venir
Leisso lou dourmir, leisso lou dourmir.

BELO CALHÒ!

Au jardin de moun pero
L'y a 'n tant beou pin,
Mes amours !
L'y a 'n tant beou pin.

Tous les auceous que cantoun
Ly fan soun nis,

Hormis la belo calho,
Et la pardris.

Ay ! calho, belo calho,
Ont' es toun nis ?

— Es pa' 's hautos mountagnos,
's au plan pays. (¹)

— Ay ! calho, belo calho,
Que l'y a dedins ?

— L'y a quatre dameiselos
Et iou faou cinq,

Uno que vai à l'aigo,
Et l'autr' au vin,

Et l'autro fai la douermo
Per ben dourmir.

Eilà 'n aqueles planos
L'y a un prad,

Les pardris et les calhos
L'y van becar ;

Prene moun aubaresto
    L'y vau tirar;

N'en ai tirat sur quatre
    Les ai manquad',

Ai tirat sur ma mio
    Iou l'ai blessad'.

— Hai! mio, pauro mio,
    T'ai ben fach mau ?

— Un pau de mau, noun gaire,
    Mai n'en mourrai. (¹)

— Aqueou qu'a' tuat sa mio
    Deou pa' 'sta' eici,

Deou anar à la guerro
    Lou rei sarvir.

Se passe dins la villo
    Me penjaran;

Se passe dins lou rose
    Me negaran.

Au beou mitan doou rose
Auset sounar,

Les clars de pauro mio
Qu'avie blessat,
Mes amours !
Qu'avie blessat.

NOTES ET ÉCLAIRCISSEMENTS

(1) Variante :
*Es plus hautos mountagnos
Delà Paris.*

Une version languedocienne indiquée par M. Anacharsis Combes, *Chants populaires castrais*, pag. 36, porte :

Dins las naoutos mountagnos pla len d'aïci

(2) *Si li fet mal 'moreta, — penso que no,
Un chic y no pas gaire — al mitx del cor.*
(*Romanc. cat.*, pag. 100).

Le sujet d'un amant qui blesse sa maîtresse se retrouve en Piémont et en Catalogne. En Italie c'est un chasseur qui tire sur trois hirondelles qui, tombées dans la mer, séchaient leurs plumes au soleil (1); en Espagne c'est le fils du roi lançant une petite pierre à trois jeunes filles et atteignant mortellement au cœur celle qu'il chérissait. Si dans la forme ces deux chansons s'éloignent de celle que nous publions, l'identité de la pensée ne saurait être douteuse, et la ressemblance de quelques détails, de celui que nous avons donné en note par exemple, semble leur donner une origine commune. La chanson provençale paraît remonter à une époque assez éloignée puisque le chasseur se sert encore de l'arbalette. On remarque aussi sa crainte de traverser le Rhône, crainte qui se rattache à la croyance populaire que tout meurtrier passant le fleuve à certains jours était entraîné au fond par l'ombre de sa victime (2). D'ailleurs une autre preuve évidente de l'ancienneté de cette composition c'est l'absence de transitions, c'est cette marche saccadée qui semble rapprocher des lambeaux de compositions diverses et les coudre sans art, bien qu'elle arrive sans hésitation à son dénoûment, et qu'un peu d'attention suffise pour rendre clair tout le récit.

(1) MARCOALDI, *Canti popolari inediti*, etc, Le tre rondinelle.
(2) *Mirèio*. chant v, in fine.

LA BELO MARGOUTOUN

La belo Margoutoun
Bouen matin s'es levado,
La belo Margoutoun
Bouen matin s'es levado.

A pres soun broc d'argent
A l'aigo n'es anado ;

Quand n'es istad' oou pous
A vis l'aigo troublado ;

Sur un pichot banquet
Elo s'es assetado ;

D'aquit n'a vis venir
Tres chivaliers d'armado.

Se lou premier a dich :
O la jolie femme !

Se lou segound a dich :
Sieguesso lo ma mio !

Se lou dernier a dich :
Couchario ben em' elo !

Soun couquin de marit
Qu'es darnier la bastido,

Qu'a 'ntendu les prepaus
Tenguts à Margarido,

N'es anat derabar
Tres bletos d'aumarino

Et n'en a tant foutut
Dessus sa paur' esquino

Que Goutoun n'a restat
Mai de siei mes chagrino
Que Goutoun n'a restat
Mai de siei mes chagrino. (²)

NOTES ET ÉCLAIRCISSEMENTS

(1) Variante :
A pres soun pechieret.

(2) Une autre version a un dénoûment plus tragique; la femme rouée de coups, est portée mourante dans son lit :

Hai! couquin de marit — vai cridar lou vicari;
Hai! couquin de marit — vai cridar lou noutari:
— A moun frero l'ainat — li doune mes bastidos,
A ma sur Jeannetoun — mes couiffos, mes camisos,
Au couquin de marit — sept pans de couerdos finos.

Le début de cette pièce rappelle celui d'une fort jolie chanson de la fin du xvi⁰ siècle conservée dans un manuscrit remarquable de la bibliothèque d'Aix, *Livre des vers du lût*, n° 142, ancien n° 203, f° VIII :

> Par un matin la belle s'est levée
> A pris son seau, du lin, dule, du long de l'eau,
> A pris son seau à l'eau s'en est allée.
>
> A pris son seau à l'eau s'en est allée,
> A son chemin son amy la rencontrée.
>
> A son chemin son amy la rencontrée,
> Où allez vous de moy la mieux aymée?
>
> Où allez vous de moy la mieux aymée?
> M'en vois à l'eau, la fontaine est troublée.
>
> M'en vois à l'eau la fontaine est troublée,
> Le rossignol luy a sa queue baignée.
>
> Le rossignol luy a sa queue baignée
> Maudit soit-il et toute sa lignée.
>
> Maudit soit-il et toute sa lignée,
> Sy ne fut luy je seroy mariée.
>
> Sy ne fut luy je seroy mariée
> A mon ami qui m'a tant desirée

A mon ami qui m'a tant desirée
Et maintenant suis fille abandonnée.

Et maintenant suis fille abandonnée
Hellas mon dieu, du lin, dule, du long de l'eau,
Hellas mon dieu quen dira il ma mère.

L'ENLEVAMENT

— Bonjour pero, mero bonjour,
Ount' es ma sur la bargeireto ?   *(bis)*
— Es eilavau dins lou valloun
Que n'en gardo ses blancs moutouns.

— Oh ! que judici de parents
De manda' 'no filho soureto,
Entre mountagnos et vallouns
Que n'en passo marri renoum.

— Mechant enfant, coumo parlatz
De vouestro sur qu'es tant sageto ;
— Ma mero, vouretz-ti jugar
Que vous la vague deraubar.

Lou chivalier mount' à chivau :
Bonjour, bonjour, jeune bergère,
Combien avez-vous de moutons,
Ensemble nous les garderons.

— N'ai pas besoun de servitour,
Moussu, garde ben proun soureto,
Mes moutouns van de dous en dous,
Et iou n'en vau darrier de tous.

— Ai uno pantouflo d'or fin
Aquit au found de ma sacocho,
Bargeireto, se la vouletz
Anara ben à vouestre ped.

— Moussu, retiretz-vous d'eicit,
La vole pas vouestro pantouflo,
Mes parents n'en sount marchandans,
Quand foudra me prouvesiran.

— Adusiou un anneou d'or fin
Aquit au found de ma sacocho,
Bargeireto, se lou vouletz
Anara ben à vouestre det.

— Moussu, retiretz-vous d'eicit,
N'ai pas besoun de vouestro baguo,
Mes parents n'en sount marchandans,
Quand foudra me prouvesiran.

— Bargiero, se vouriatz m'amar,
Auriou encar' uno bourseto ;

— Garde les moutons qu voudra
Eme lou galant vau anar.

Quand n'en soun au mitan doou bouesc
La belo s'asseto par terro ;
— Sur malhuroue, relevatz-vous,
Siou un frero, pa 'n amourous.

— Puisque moun frero vous n'en siatz,
N'en foudra ren dir' à moun pero,
N'en diguetz ren à mes parents
Que me farien passar mau temps.

— A moun pero lou dirai pas.
Ma mero, v'aquit vouestro filho, *(bis)*
Que tant sageto la cresiatz
Et qu' eme iou s'es deraubad'.

Nous avons plusieurs fragments de leçons très-certainement plus anciennes que celle que nous publions; malheureusement ils sont trop incomplets pour pouvoir former un tout et nous avons dû nous résigner à adopter celle-ci bien qu'elle ait été remaniée, au moins pour le style, à une époque peu éloignée. Cette chanson se chante sur tout le littoral de la Méditerranée de Marseille à Gênes. Dans une version Niçarde la jeune bergère résiste à la séduction et quand son frère s'est fait connaître elle lui dit :

> N'as pas la mino doou miou fratello,
> As la mino d'un traditour,
> Que venes tradir lou miou-z-amour.
>
> Aimariou mai estre brulado
> Et la miou poudra jitado au vent
> Que de rendre toun couer countent.

Le premier de ces deux couplets n'est d'ailleurs que la traduction d'un couplet de la chanson piémontaise recueillie par Marcoaldi et qui est la même au fond et pour beaucoup de détails, que celle que nous imprimons :

> — Che bel güidizi d' ün padre et madre
> Mandë' 'na fia tantu luntan !
> 'na fia bëla la robarran............
>
> — Oh bondi, donca, bëla bergera,
> Vi dagh bon giorno v' al dagh da cor ;
> Vi fal bisognu d'ün servitor ?
>
> — Li miei montuni son tantu pasi,
> Ch' i m'ubbidissu semp da par lor :
> Mi ve ringrasiu, bel servitor.
>
> — Ün para d' scarpi...............

— Gentil galante, andommá a l'ombra,
Andomma a l'ombra d' la fiü' d' sambü
Che là a faromma l'amor sicür.

— L'amor sicür a 'n poss nent fëli,
L'amor sicür n'al podi nent' fë;
— Bella bergera, son vost fradè.

I n'ei nent' faccia d'ün me' fradellu,
Ma püttost faccia d'ün traditor
Venütu apposta pr' angannë' amor. (¹)

___

(1) Quel beau jugement d'un père et d'une mère, d'envoyer si loin une fille ! une fille jolie qu'on enlèvera........ Oh ! bonjour, donc, belle bergère, je vous donne le bonjour de bon cœur ; auriez-vous besoin d'un serviteur ? — Mes moutons sont si doux qu'ils m'obéissent d'eux-même, je vous remercie, beau serviteur. — J'apportai une paire d'escarpins.......... Gentil galant allons à l'ombre, allons à l'ombre de la fleur du sureau, et là nous ferons l'amour en sûreté. — L'amour en sûreté nous ne pouvons le faire, belle bergère, car je suis votre frère. — Vous n'avez pas la face de mon frère, vous avez mieux la face d'un traitre venu exprès pour tromper mon amour.
   (O. MARCOALDI, *Canti popolari inediti umbri,*
       piemontesi...... La prova d'un rapimento,
       pag. 161.

LA MOUNGETO

De-dins Aix l'y a'no moungeto, Tant pou-ri-de-to, Di que s'a - vie soun bel a- mic, Se-rie la rei-no doou pa - ys; Di que, s'a- vie soun bel a - mic, Serie la reino doou pa-ys.

Dedins Aix l'y a 'no moungeto,
    Tant pourideto,
Di que s'avie soun bel amic ⎫
Serie la reino doou pays. ⎭ *bis*

Se tant n'a plourat la moungeto,
    Tant pourideto,

Que cade jour n'en deperit
De pas pousquer quittar l'habit.

Mai soun pero l'y a mandat dire,
  Et senso rire,
Que n'en fesso coumo voudrie,
Que dins lou couvent restarie.

La mounget' a maudich soun pero,
  Que la fourceio
A n'en quittar soun bel amic
Per prendre lou voil' et l'habit.

La mounget' a maudich la tiblo
  Qu'a fach l'egliso,
Et lou maçoun que l'a bastid',
Les manobros que l'ant servit.

La mounget' a maudich lou pretro
  Qu'a di la messo,
Et les clerzouns que l'ant servid'
Et lou mounde que l'ant ausid'.

La mounget' a maudich la toilo
  Qu'a fach lou voilo,
Et lou courdoun de sant Frances
Que n'en pouerto à soun coustat drech.

Un jour qu'ero dins sa chambreto
　　Touto soureto,
Lou diable li a pareissut :
Moun amic sies lou ben vengut.

— Siou pas toun bel amic, la belo,
　　Tant desireio,
Siou lou diable, lou veses pas,
Doou couvent te vene garar.

— Foudra n'en avertir moun pero,
　　Eme ma mero,
Et mes amics et mes parents
Per veire se n'en sount counsents.

— Noun, n'en fau ren dir' à toun pero,
　　Ni à ta mero,
A tes amics, ni à tes parents,
Noun vau mai partir proumptoment.

— Adiousiatz, mes surs les moungetos,
　　Tant jouvenetos,
Vautres faguetz pas coumo iou,
Dins lou couvent preguetz ben Diou.

Lou diable a pres la moungeto,
　　Tant pourideto,

La pourtad' au plus haut des airs ⎫
Et puis la tracho dins l'infer.   ⎬ bis

M. Martini a recueilli une autre leçon qui diffère de la nôtre par quelques détails du premier couplet, et par le dénoûment dans lequel l'esprit malin n'intervient en aucune façon. Tout le reste est à très-peu près identique avec notre texte. Voici le premier et le dernier couplets de cette nouvelle version :

Dedans Paris l'y a 'no Moungeto,
    Tant jolieto,
N'en serie reino de Paris,
N'en pourtarie les flours de lys,
Si pourait voir son bon ami........

Ah ! plouro, plouro, la moungeto,
    Tant jolieto,
Seras pas reino de Paris,
Mourras *sans voir* toun bouen amic
Que n'en pouerto les flours de lys.

Cette variante fait penser de suite au sort de La Vallière, et il ne serait pas impossible que ces deux couplets eussent été quelque peu modifiés dans cette intention. Mais les malédictions prodiguées par la jeune nonne aux murs et aux grilles du cloître, à tout ce qui peut contribuer à la retenir, ne sauraient se rapporter à la douce résignation de sœur Louise de la Miséricorde. Aussi croyons-nous qu'il ne faut voir dans cette chanson qu'une trace de cet abus de l'autorité paternelle qui trop souvent transformait en maison de réclusion les maisons religieuses, et brisait ainsi brutalement les passions quelquefois les plus avouables, les amours les plus légitimes.

PIERRE LOU MALADO

Au casteou de Cavailloun (¹) } bis
Ai ausit cantar ma mio ;

Se iou l'entende cantar
Mai noun la pouede pas veire.

M'en vau fa' fair' un veisseou
Ou tout d'or ou tout de veire,

Iou me l'y mettrai dedins,
Farai Pierre lou malado ;

Les damos de Cavailloun
Vendran veire lou malado.

L'y a que la bel' Alioun
Que soun pero l'en engardo.

— Moun pero, leissez m'anar
Veire Pierre lou malado ;

— Nani pas, belo Alioun,
Que vous seriatz deraubado.

— Moun pero, leissetz m'anar
M'en vendrai eme les autros.

— Alors, ma filho Alioun
Anetz-l'y eme les autros.

En passant dins lou jardin
Remplit soun faudau de poumos.

Quand les autres s'en venien
La bel' Alioun anavo;

De luenc que l'a vist venir
Lou veisseou la saludavo.

— Oh ! Pierre, moun bel amic,
M'ant dich qu'eriatz ben malado.

— Belo, se iou siou malaou
Es vous que n'en siatz la causo.

— Puisque malado n'en siatz
Mangeariatz pas uno poumo ?

— Pouede-ti la refusar
Se vouestro man me la douno.

N'en mangeariou meme doues
S'acot vous fasie pas peno.

Pelo uno, pelo doues
N'en pelo miejo douzeno.

En parlant, en devisant,
Toujours lou veisseou marchavo.

— Ah ! Pierre, moun bel amic
Iou me voudriou retourneio.

— Siatz cinquanto legos luenc
Doou casteou de vouestre pero.

— Ah ! moun Diou, qu'es que me diatz,
Siou dounc filho deraubeio ?

Moun pero n'avie pas tort
De me tenir renfermeio.

— Plouretz pas, belo Alioun,
Siatz pas filho deraubeio,

De Pierre vouestr' amouroux,
Siatz la richo bien eimeio.

Communiqué par M. PELABON.

NOTES ET ÉCLAIRCISSEMENTS

(1) Variante :
Dessus lou pouent d'Avignoun.

Autre variante :
Dins lou casteou de Lyoun.

Cette dernière doit provenir de la confusion du nom de la jeune fille avec celui de la ville de Lyon.

Si la chanson précédente fait penser aux malheurs de La Vallière, celle-ci rappelle de suite à l'esprit le roman de *Pierre de Provence et de la belle Maguelonne;* le lieu de la scène, l'enlèvement, la maladie simulée de l'amant, semblent donner du poids à cette conjecture. Mais nous devons ajouter que cette donnée d'un marinier enlevant par ruse la jeune fille dont il est amoureux fait partie de la littérature populaire de toutes les nations de race latine, et les quelques points de ressemblance avec la légende du fils du comte de Cavaillon pourraient bien n'être qu'une rencontre fortuite ou un vague souvenir qui est venu s'enter sur un sujet étranger.

LES TRANSFOURMATIENS

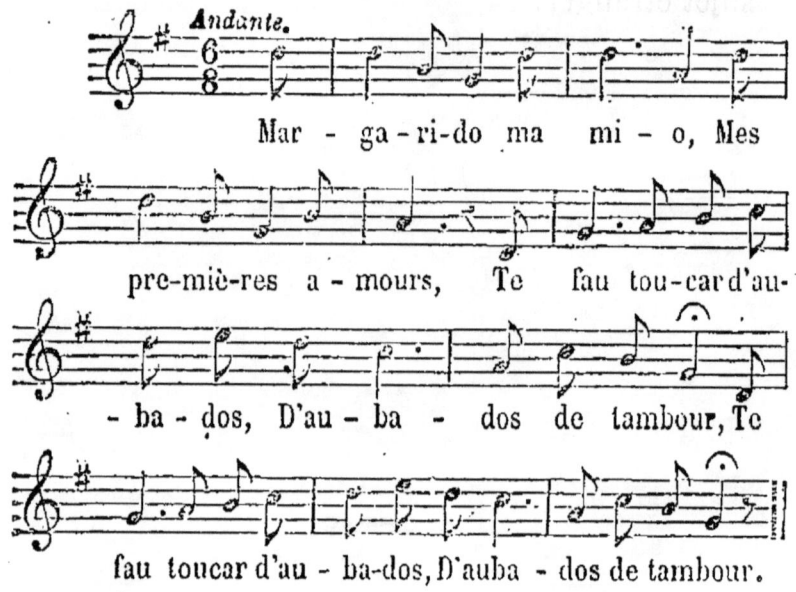

Margarido, ma mio, (¹)
Mes premieres amours,
Te fau toucar d'aubados,
D'aubados de tambours.   } bis.

— M'embarrasse d'aubados,
De qu les fai toucar,

S'acot duro plus gaire
Iou m'anarai negar.

— S'acot duro plus gaire,
Que te vagues negar,
Iou me farai nedaire
Et t'anarai sauvar.

— Se tu te fas nedaire
Per m'aver en nedant,
Iou me farai l'anguiero
T'escaparai des mans.

— Se tu te fas l'anguiero
Que m'escapes des mans,
Iou me farai pescaire
Et t'aurai en pescant.

— Se tu te fas pescaire
Per m'aver en pescant,
Iou me farai l'herbeto
D'aqueou prad qu'es tant grand.

Se tu te fas l'herbeto
D'aqueou prad qu'es tant grand,
Iou me farai segaire
Et t'aurai en segant.

— Se tu te fas segaire
Per m'aver en segant,
Iou me farai la lebre
D'aqueou bouesc qu'es tant grand.

— Se tu te fas la lebre
D'aqueou bouesc qu'es tant grand,
Iou me farai cassaire
Et t'aurai en cassant.

— Se tu te fas cassaire
Per m'aver en cassant,
Iou me farai l'endivo
D'aqueou jardin tant grand.

— Se tu te fas l'endivo
D'aqueou jardin tant grand,
Iou me farai l'aigueto
T'arrousarai souvent.

— Se tu te fas l'aigueto
Per m'arrousar souvent,
Iou me farai la roso
D'aqueou rousier poignant. (¹)

— Se tu te fas la roso
D'aqueou rousier poignant,

Iou me farai l'abelho
Te baisarai sou*vent*.

— Se tu te fas l'abelho
Per me baisar sou*vent,*
Iou me farai l'estelo
D'aqueou ceou tant brilhant.

—· Se tu te fas l'estelo
D'aqueou ceou tant brilhant,
Iou me farai l'aubeto
T'aurai en me levant. (¹)

— Se tu te fas l'aubeto
Per m'ave' 'n te levant,
Iou me farai moungeto
D'aqueou couvent tant grand.

— Se tu te fas moungeto
D'aqueou couvent tant grand,
Iou me farai lou preire
T'aurai en coufessant.

— Se tu te fas lou preire
Per m'ave' n coufessant,
Iou n'en farai la mouerto
Les surs me plouraran.

— Se tu n'en fas la mouerto,
Quand les surs plouraran
Me farai terro santo
De iou te curbiran.

— Se te fas terro santo
De que me curbiran.....
Tant vau dounc que tu m'agues
Coum' un autre galant. (⁴)

NOTES ET ÉCLAIRCISSEMENTS

(1) Une version que nous a communiqué M. Martini débute ainsi :

Se maugrai iou ma maire
Me vourie maridar,
Dedins la mar pecaire
Iou m'anariou negar.

(2) Même version :

D'aqueou rousier tout blanc.

(3) Variante :

Iou me farai la luno
T'anarai au davant.

Autre variante :

> *Iou me farai lou nivou*
> *Te passarai davant.*

Dans une version française qui ne manque pas de mérite et que nous avons entendu chanter en Provence, on dit :

> *Je me ferai l'étoile au firmament*
> *Non, jamais tu n'auras contentement.*
>
> *Si tu te fais étoile, étoile au firmament*
> *Je me ferai nuage, nuage blanc*
> *Je couvrirai l'étoile au firmament.*

(4) Version de M. Martini :

> *Te ! baiso ma bouqueto*
> *Et siegues moun galant.*

Cette chanson est fort connue dans toute la Provence, aussi en existe-t-il de nombreuses variantes, mais elles portent exclusivement sur la forme, le fonds et les détails restent les mêmes. Ainsi par exemple dans une autre version que nous avons chaque couplet est terminé par un refrain :

> *Galant que me caregnes*
> *N'en perdes toun temps ;*

dit la jeune fille ;

> Fagues que que fagues
> Belo, iou t'aurai,

répond à son tour le galant.

On a voulu faire remonter cette romance jusqu'à Anacréon, et cette opinion a pour elle une autorité imposante, celle de M. Victor Leclerc. Cependant l'ode du poète grec (¹) rappelle plutôt une production par trop érotique du chevalier Boufflers que notre gracieuse chanson des métamorphoses. Celle-ci est au contraire fortement empreinte du caractère des poésies populaires : répétitions multipliées de la même idée, reproduction constante de la même forme. Il faut avouer toutefois que cette idée est pleine de cette simplicité fraîche et gracieuse qui semble avoir été l'apanage de la Grèce, aussi croyons-nous qu'elle est née sur les bords de la Méditerranée, sur ces bords qui conservent encore des traces de la civilisation hellénique. De là ce thème s'est répandu dans toute la France, car on le retrouve partout et le comité du ministère de l'instruction publique en a reçu de nombreuses variantes de tous les points de l'empire. Il a été mis en œuvre d'une manière heureuse par M. Mistral dans son poème de *Mirèio* où il est devenu la chanson de Magali.

Nous devons l'air que nous publions à l'obligeance de M. Martini.

---

(1) V. Anacréon, K'. Εἰσ Κορην.

LOU ROUSSIGNOÒU MESSAGIER

Par un dimenche de matin
Ai pres les claus de moun jardin,
Per n'en culhir la viouleto,
La blanco flour d'oou jaussemin
Per n'en fair' un bouque' à ma mio
Avant de sourtir doou jardin.

Quand lou bouquet es istat fach
Sabiou pas par qu lou mandar,
L'y agut lou roussignoou sauvagi,
Lou messagier des amourous:
Per iou voues-tu fair' un messagi
A ma mio la Blancoflour.

Lou roussignoou n'a pas manquat
Doou joli bouesc s'es envoulat,
Sur la fenestro de la belo
Lou roussignoou a fach tres tours :
Reveilhetz-vous, la graciouso,
Vous adus' un bouquet de flours.

Que Diou benisse les saluts
Et mai aqueou que les adut,
N'en ai ben d'autres caregnaires
N'en ai ben d'autres amourous,
N'en ai ben d'autres caregnaires,
Mai per aqueou pouerto la flour.

« Belo, quand siou en quauquo part
» Parle de vous, siou jamai las,
» Parle que de vouestres louangis
» Eme de vouestre bouen renoum,
» Que siatz pourido coum' un angi,
» Sembletz la filho d'un baroun. » (¹)

NOTES ET ÉCLAIRCISSEMENTS

(1) Le billet doux n'est pas toujours aussi laconique mais celui-ci nous a paru suffire pour donner une idée complète de cette pièce, d'autant que les autres ne sont souvent que des traductions maladroites de chansons françaises modernes;

Pierre d'Auvergne dans une de ses chansons prend pour interprète un rossignol qui se rend auprès de sa belle, lui parle en son nom et lui apporte la réponse (¹). Il n'est pas rare de voir dans les poésies des troubadours et des trouvères ce rôle officieux rempli par cet oiseau qualifié à tort de sauvage; et notre chanson paraît un dernier reflet de ces compositions, resté dans la mémoire du peuple. Le nom de Blanchefleur que porte la jeune amante, la comparaison avec la fille d'un baron sont des signes évidents de l'ancienneté de cette pièce à laquelle une grâce quelque peu affectée, ne permet pas d'attribuer une origine tout à fait populaire.

(1) GINGUENÉ, *Histoire littéraire d'Italie*, tom. 1ᵉʳ, pag. 293. Le même sujet se trouve dans les chants des flamands de France recueillis par M. de Coussemaker. V. *le messager d'amour (de Minnebode)*.

LOU PREMIER JOUR DE MAI

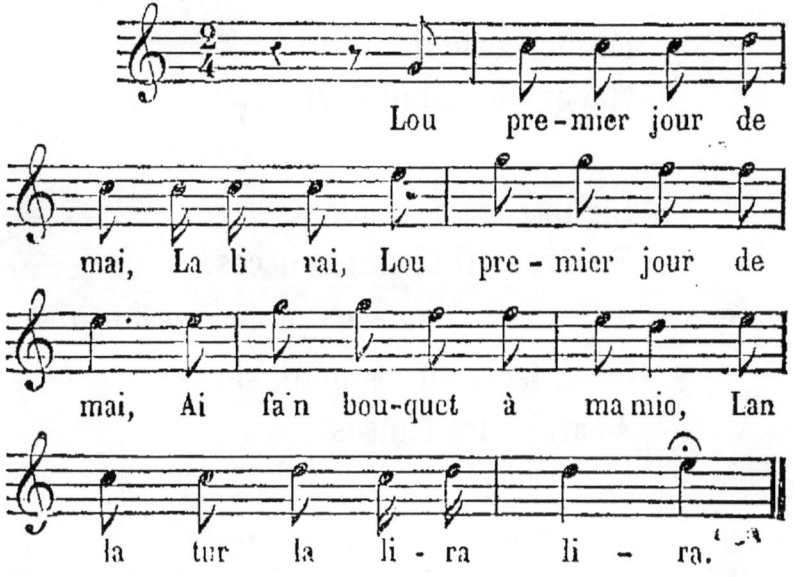

Lou premier jour de Mai,
    Larirai,
Lou premier jour de Mai
Ai fa 'n bouquet à ma mio
Lan la tur la lira lira. (¹)

Li a dich : mio tenetz
V'aquit la despartido.

— Que despartido n'es ?
— Moun pero me marido,

Mai n'en es pas 'me vous,
N'en es eme un' autro,

Es men belo que vous
Mai es un pau plus richo.

Diguetz, mio, diguetz,
Vendretz-ti à mes noueços.

— A tes noueços noun sai,
Anarai à tes dansos.

— S'à mes dansos venetz
Venetz ly touto novo ;

Iou vous achetarai
Les tres coulours de raubo,

Uno sera lou verd,
Et l'autro l'ourangeada,

L'autro lou fin velours
La plus belo de toutes.

Toucatz, viourouns, toucatz,
Ah ! toucatz uno danso.

Lou premier tour que fa
La belo toumbo mouerto.

Lou segound tour d'après
Lou galant toumbo contro.

Oh ! lou pourit pareou !
N'en sount mouerts d'amoureto

Lou paire n'a grand tort
Que noun la li dounavo.

Lou galant n'a 'nca mai,
   Larirai,
Lou galant n'a 'nca mai
Que noun la deraubavo,
Lan la tur la lira lira. (¹)

NOTES ET ÉCLAIRCISSEMENTS

(1) M. Martini nous a communiqué une version dont le début est différent :

> *Lou premier jour de Mai,*
>   *O Diou d'eime !*
> *Quand tout se renouvelo,*
>   *Rossignolet !*
> *Quand tout se renouvelo.*
>
> *N'es jusquo les galants*
> *Que n'en changeoun de belo ;*
>
> *Iou n'en changearai pas*
> *La miouno n'es trop belo,*
>
> *Li farai planta 'n mai,*
> *Un mai davant sa pouerto ;*
>
> *Sus lou d'haut d'aqueou mai*
> *L'y aura 'n bouquet d'ourtigos (*)*
>
> *Dedins un mouchoir blanc*
> *Lou pouerte à ma mio :*
>
> *Tenetz, mio, tenetz,*
> *Vaquit la despartenci........*

* On sait que l'ortie, dans le langage des fleurs adopté en Provence, signifiait rupture. V. tom 1ᵉʳ, pag. 222.

(2) On chante dans les Alpes-Maritimes une autre leçon qui diffère dans le dénoûment :

> *Au segound cop de tambour*
> *La belo toumbo mouerto,*
> *Mes amours,*
> *Couer doux,*
> *La belo toumbo mouerto.*
> *Mes amours.*
>
> — *Ah! bela, issa-veus, su'*
> *Vouletz mourir per foarça.*
>
> — *Per foarça noun mouari pas*
> *Mouari per amour vouastre;*
>
> — *Se per amour miou mouretz*
> *Iou mouari per lou vouastre;*
>
> *Ah! douna mi 'n couteou*
> *Que lou mi planti 's couestos.*
>
> *Prend un couteou tranchant*
> *Se lou plant' en les couestos.*

Rien de plus populaire en France que cette chanson, et nous ne parlons pas des premiers couplets qui se retrouvent dans presque toutes les pièces de cette époque que l'on a appelé le cycle de Robin et Marion ; mais des détails caractéristiques, de ceux qui constituent le fonds même de la composition. M. Ampère en a publié une version recueillie en Bretagne par le docteur Roulin ([1]); on en trouve une autre, moins parfaite peut-être, dans l'*Etude sur la poésie populaire en Normandie* de M. de Beaurepaire ; voici quelques couplets de cette dernière :

> La bell' fut chez le tailleux, se fit tailler trois robes,
> L'une de satin blanc, l'autre de satin rose,
> Et l'autre de drap d'or, la couleur la plus noble,
> L'amant qui la salue, la fait entrer en danse.
> Au quatrième tour, la belle est tombée morte,
> Elle est tombée à droite, et l'amant à sa gauche,
> Et les gens de la noce dirent : quell' triste noce.
> Sur la tomb' du garçon on y mit une épine,
> Sur la tomb' de la belle on y mit une olive.
> L'épine crut si haut qu'elle embrassa l'olive,
> On en tira du bois pour bâtir des églises.

---

[1] Instructions relatives aux poésies populaires de la France, pag. 34.

LA PAYSANO

Qui veut entendre une chanson
Nouvellement nous la dirons,
Es facho d'uno paysano
Qu'à soun houstau fiero la lano.

L'y a lou moussu de la cour
Que la ven veire tous les jours,
Es un moussu que la ven veire
Vous autres vous lou poudetz creire.

— Moussu, restetz dins vouestr' houstau,
Les gens de iou parlarien mau,
Anetz cercar vouestres parieros,
Per vous ma raub' es trop groussiero.

— Mio, mio, as boueno façoun
Sembles la filho d'un baroun,
Ren que tu, que toun blanc visagi,
Me valoun iou et davantagi.

Mio se voues veni 'me iou
Seras mestresso ounte siou,
Dins moun houstau tendras chambriero
Te farai faire boueno chiero. (¹)

— Moussu, n'ai pas accoustumat
D'aver chambriero à moun cousta,
Ve ! iou siou facho à peou et plumo, (²)
Ai ben lou travail per coustumo.

— Belo, se prenes toun parier
Te fara faire soun mestier,
Te fara trimar en campagno
Et lou matin prendras l'eigagno.

— Moussu, se n'aviou moun parier,
Qu'aucun des gens de moun mestier,

Beniriou l'hour' et la journado
Qu'eme eou scriou maridado.

— Filho, iou te vau delaissar
Tant voudrie battre lou roucas,
Mais l'y aura ni souar ni veilhado
Que n'en siegues dins ma pensado.

---

(1) Variante :
Mio, se voues veni 'me iou
N'as à faire qu'à sarvir Diou,
Quand n'en revendras de la messo
N'en trouvaras la tauro messo.

(2) Locution proverbiale. On lit dans le *Ballet des cridaires d'aigo ardent :*

Quu voou beoure d'aigo arden
N'autres n'auen de la fino
Per rebatre un accident
N'en pourtan la medecino.
Sian gens fats à plumoet peou,
Aigo de vido quu beou.

CLAUDEB RUEYS, *Jardin deys musos provensalos,* II, 20.

LA VIELHO

Dins Paris l'y a uno vielho
Que passo quatre-vingts ans,
   Tant amourouso,
Que passo quatre-vings ans
   Tant amourousoment.

La vielho s'en vai es dansos
S'asseto pres d'un galant,

Tant amourouso,
S'asseto pres d'un galant
Tant amourousoment.

Li dit : galant se m'espouses
Te farai riche marchand,
Tant amourouso,
Te farai riche marchand
Tant amourousoment.

Iou n'en preni pa 'no vielho
Que noun li ague vis ses *dents,*
Tant amourouso,
Que noun li ague vis ses *dents*
Tant amourousoment.

La vielho se mett' à rire
Li mouestro doues dents davant,
Tant amourouso,
Li mouestro doues dents davant
Tant amourousoment.

Mai ni a uno que li brando,
L'autro vai en cascalhant,
Brandin brandeino,
L'autro vai en cascalhant
Brandeino et brandant.

Se lou diluns l'a 'spousado
Lou dimars l'entarraran,
 Brandin brandeino,
Lou dimars l'entarraran
 Brandeino et brandant.

N'est pas ce que me fai peno,
Est de pourta doou dous ans,
 Brandin brandeino,
Est de pourta doou dous ans,
 Brandeino et brandant.

Lou farai pourta' à la cato
Semblara 'n caramentran,
 Brandin brandeino,
Semblara 'n caramentran
 Brandeino et brandant.

De l'argent d'aquelo vielho
N'aurai uno de quinz' ans,
 Tant amourouso,
N'aurai uno de quinz' ans
 Tant amourousoment.

La ronde de *la vieille* est connue dans toute la France ; elle a été publiée dans les *Chants et chansons populaires de la France*, éd. de Delloye; dans *Les chansons d'autrefois*, par Charles Malo, pag. 390 ; dans les *Jeux et exercices des jeunes filles*, par Mme de Chabreuil, pag. 167, etc. Mais si on compare cette version française avec celle que nous publions, on verra qu'elles diffèrent sensiblement, bien qu'elles aient une origine commune. M. Martini nous a communiqué une variante qui se rapproche davantage de la version française ; en voici la fin :

    Vai-t-en, vai-t-en boueno vielho
    Tu n'as pas assez d'argent.......

    Galant, se tu m'espousaves
    Auries *dix tonneaux d'argent*......

    Reven, reven, boueno vielho
    Se maridarem deman.......

    De l'argent de tu, la vielho,
    Aurai filheto de quinz' ans.

D'après un renseignement qui accompagne cette communication, on chante la ronde de *la vielho* dans presque toutes les noces de village, et c'est ordinairement à la grand'mère de la *novi* qu'est réservé cet honneur.

LOU JALOUS

— Ount' eres-tu quand te cridave ?
 Marblu, Marioun !
Ount' eres-tu quand te cridave.

— Er' au jardin culhiou d'auseilho,
 Marit, bouen marit,
Er' au jardin culhiou d'auseilho. (¹)

— Qu er' à bas que te parlavo
 Marblu, Marioun !

— La fourniero que me mandavo, (¹)
   Marit, bouen marit.

— Les fremos pouertoun pas de brayos
   Marblu, Marioun !
— Ero sa jupo retrousseio,
   Marit, bouen marit.

— Les fremos pouertoun pas l'espeio,
   Marblu, Marioun !
— Es la coulougno que fieravo
   Marit, bouen marit.

— Les fremos pouertoun pas plumachou,
   Marblu, Marioun !
— N'en er' un bel escouet de vigno,
   Marit, bouen marit.

— Les fremos pouertoun pas moustacho,
   Marblu, Marioun !
— Er' un' amouro que mangeavo,
   Marit, bouen marit.

— Lou mes de Mars pouerto pa' amouro,
   Marblu, Marioun !
— Er' uno branco qu'autounavo
   Marit, bouen marit.

— Vese qu'avetz fouesso d'adresso,
　　Marblu, Marioun !
— *Faites-moi donc une caresse,*
　　Mari, bon mari.

— Iou vous farai sautar la testo,
　　Marblu, Marioun !
— Et que n'en fariatz-vous doou resto ?
　　Marit, bouen marit.

— Lou jitarai per la fenestro,
　　Marblu, Marioun !
— Les chins, les cats farien grand festo,
　　Marit, bouen marit.

— Per aquestou cop te pardoune,
　　Marblu, Marioun !
Per aquestou cop te pardoune.

— Aquestou cop eme ben d'autres,
　　Marit, bouen marit,
Aquestou cop eme ben d'antres. (¹)

NOTES ET ÉCLAIRCISSEMENTS

(1) Nous possédons une autre version en tout semblable à celle-ci, sauf la forme de la strophe qui est ainsi disposée :

> *Marblu ! corblu ! ma Marioun*
> *Qu er' à bas que te parlavo*
> *Marblu !*

> *Moun Diou, grand Diou, moun bouen marit,*
> *La fourniero que me mandavo,*
> *Moun Diou !*

(2) Variante :
> *Er' uno de mes coumpagnos*

(3) Variante :
> *Marblu ! corblu ! ma Marioun*
> Il faudra donc coucher ensemble,
> *Marblu !*
> *Moun Diou, grand Diou, moun bouen marit,*
> C'est tout ce que mon cœur demande
> *Moun Diou !*

En nous communiquant la musique et une version de ce dialogue M. Martini ajoute : « Ce chant » est très-répandu : je l'ai entendu dans toutes les

» communes que j'ai visitées. Les jours de grande
» fête il partage avec celui du *Roi Dagobert* les
» honneurs du carillon. A Istres, pendant le car-
» naval, cette petite scène conjugale est mise en
» action : deux jeunes gens déguisés, l'un en gran-
» de dame du bon vieux temps, l'autre en *seigneur*
» et muni d'une longue rapière, parcourent les
» rues et se font un malin plaisir de s'arrêter, pour
» débiter leur dialogue, devant les maisons habitées
» par certains maris trop bénévoles ou supposés
» tels. Les applaudissements de la foule ne font ja-
» mais défaut à Marion ; elle poursuit au contraire
» de ses quolibets le mari de la belle dame. » Cet
usage n'est pas particulier à Istres et ce que notre
obligeant correspondant raconte de cette localité se
passe dans toute la Provence. Il y a peu de communes où, de temps en temps, on ne voie en carnaval
la madrée commère et son Bartholo poudré à frimas
égayer de leurs discussions la foule qui les envi-
ronne. La chanson est d'ailleurs connue dans toute
la France, le comité du ministère de l'instruction
publique en avait reçu au moins vingt versions différentes, et les jurons dont le mari jaloux assaison-
ne ses récriminations ne nous semble laisser aucun
doute sur l'origine française de cette pièce.

LOU CARBOUNIER

Carbounier, moun amic, ount' es ta carbouniero ?
— Ma boueno damo, est entre dous vallouns } bis
 Ly fau intrar d'ajoulinoun. (¹)

Carbounier, moun amic, as ben la camie salo?
— Ma boueno damo, les damos de Paris
　Me l'ant pas vougudo blanchir.

— Carbounier, moun amic, as tres pouridos filhos?
— Ma boueno damo, tant pouridos que vous,
　Tres carbouniers li fan la cour. (¹)

Carbounier, moun amic, qu'houro tu les marides?
— Ma boueno damo, prestetz me siei cent francs
　Les maridarai d'aquest an.

Carbounier, moun amic, qu'houro tu me les rendes?
— Ma boueno damo, se vous fan tant besoun } *bis*
　Vous les rendrai en de carboun. (¹)

---

(1) Les détails de ce couplet prouvent qu'il s'agit d'un mineur extrayant du charbon fossile ; M. Allègre nous a communiqué une version française qui se rapporte à un charbonnier comme le prouve ce couplet :

Charbonnier, mon ami, n'as-tu rien à rabattre ?
— Mademoiselle, je rabats un écu
Pour le charbon de bois menu.

(2) Variante française :

Les fils du roi leur font la cour.

(3) Variante :

Vous les rendrai en des poutouns.

L'ANTONI!

Ma filho te voues maridar,
Avem gis d'argent per te dounar.

— Qu'es aquot d'argent ? qu'appeletz d'argent ?
Empruntarem nouestres parents :
L'Antôni !
Lou vôri !
Maridetz-me per aquest an,
Iou pouede plus esperar tant.

Ma filho te voues maridar,
Avem gis de pan per te dounar ;
— Qu'es aquot de pan ? qu'appeletz de pan ?
Les bourangiers coueioun tout l'an ;
L'Antôni ! . . . . .

Ma filho te voues maridar,
Avem gis d'habits per te dounar ;
— Qu'es aquot d'habits ? qu'appeletz d'habits !
Empruntarem nouestres amis ;
L'Antôni ! . . . . .

Ma filho te voues maridar,
Avem gis d'anneou per te dounar ;
— Qu'es aquot d'anneou ? qu'appeletz d'anneou ?
Desceouclarem nouestre veisseou ;
L'Antôni ! . . . . .

Ma filho te voues maridar,
Avem gis de crouchet per te dounar ;

— Qu'es aquo' 'n crouchet ? qu'appeletz crouchet?
Me pendrai un couble d'alhet ;
L'Antôni ! . . . . .

Ma filho te voués maridar,
Avem gis de crous per te dounar ;
— Qu'es aquot de crous ? qu'appeletz de crous ?
S'embrassarem ben toutes dous ;
L'Antôni ! . . . . .

Ma filho te voues maridar,
Avem gis de liech per te dounar ;
— Qu'es aquot de liech ? qu'appeletz de liech ?
Coucharem long des escariers ;
L'Antôni !
Lou vôri !
Maridetz-me per aquest an,
Iou pouede plus esperar tant.

LOU ROUSSIGNOOU QUE VOLO

— D'ount v' enanatz, filheto,
Lou roussignoou que volo,
Beou cavagnau au bras,
Lou roussignoou que volo, volo,
Beou cavagnau au bras,
Lou roussignoou que volera.

— Moussu pouerti d'ouranges
Prenetz n'en se v' en plas.

S'en prend miejo douzeno
Senso la li pagar.

La filho qu'es sageto
Se va metr' à plourar.

— Que n'avetz-vous, filheto,
Que fetz ren que plourar ?

— N'en avetz pres d'ouranges
Senso me les pagar.

Se mete man en pocho
Cent escus li a dounat.

— Dounatz lu à vostre pere
Que lu vous gardera.

— Moun per' es capitaino
Pagarie lu sourdats.

— Dounatz lu à vostro mero
Que lu vous gardera.

— Ma mero a des filhos
Les pourrie maridar.

— Dounatz lu à vostre frere
Que lu vous gardera.

— Moun frer' es un jugaire
Lu mi pourrie jugar.

— Dounatz lu à vostro sorre
Que lu vous gardera.

— Ma sorr' es una leca
Lu mi pourrie mangear.

La filho qu'es sageto,
Lou roussignoou que volo,
Lu si saupra gardar,
Lou roussignoou que volo, volo,
Lu si saupra gardar,
Lou roussignoou que volera.

Communiqué par M. CASTEL.

PESCADOUR DE LA CANETO

Pescadour de la caneto
Pescaries-ti ma mestresso,
  Lan la,
Pescaries-ti ma mestresso.

Si tu me la pesques vivo
Ti darai quatre cent liros,
  Lan la,
Ti darai quatre cent liros.

Si tu me la pesques mouerto,
Ti darai tout l'or que pouerto,
  Lan la,
Ti darai tout l'or que pouerto.

Nous empruntons cette chansonnette, très-populaire dans le quartier de St-Jean à Marseille, aux *ballades et Chants populaires de la Provence* par Marie Aycard ; Paris, Laisné frères, 1826. C'est le seul chant qui se trouve dans cet ouvrage.

LOU REVEIL DEIS PESCADOURS

Oh ! cousin Mathiou, oh ! ouh ! — Va !
    Lou gau canto matino
    Cousin revillatz-vous,
    Embrassatz la cousino
    Es l'houro, anem, debout !
    Garnissetz la paniero
    Prenetz lis estivaus
    Car l'aub' es matiniero
    Lou temps es au mistrau.

Oh ! cousin Jause, oh ! ouh ! — Va !
    La luno qu'es ben claro
    Nous invito à partir,
    Anem, cousin, es aro,
    Car lou patroun m'a dit :
    Ah ! fai leou, levo, levo,
    O jouve levo-ti,
    Vai cridar lis coulegos,
    Es l'houro de sourtir.

Oh ! cousin Gaspard, oh ! ouh ! — Va !
    Es tres houros passados
    Cousin, fau s'embarquar,
    Avem la piroulado,
    Aujourd'hui grand gala ;
    Anem que l'houro presso
    Tout lou mounde es à bord

Aujourd'hui n'est plus festo
Faut dounc quittar lou port.

Oh ! cousin Laurent, oh ! ouh ! — *Va pas !*
Et que n'en vouli faire,
Que vague ou vague pas
N'en sount pas mis affaires
Poudetz restar couchat ;
Mai pourretz, paure glari,
Quand vendretz per bouffar,
Dansar davant l'armari
Puis vous ana 'mpaillar.

Maudespied la tartano,
Eme lis pescadours !
Seriou souto la vano
Dourmiriou moun sadou ;
Mai sabiou pas ce qu'ero
Quand mi siou fach classar ;
S'aviou cresu ma mero
Aro tramblariou pas.

A bord l'un vous querello,
L'autre vous dit de maus
Un autre vous bacello,
Et toujours lis foutraus

Sount per lou paure moussi
Que va pas meritat ;
Eh ben ! per iou men fouti,
Li vau dire : *VA PAS !*

Communiqué par M. MARTINI.

Après être restés toute la semaine en mer, les pêcheurs des Martigues rentrent le samedi, laissant leur tartane au port de Bouc. Le lundi matin un mousse, resté de garde, prend les ordres du patron et va réveiller l'équipage en criant sous les fenêtres de chaque matelot : *Oh! cousin, oh! ouh! — Va!* répond celui-ci s'il doit partir, ou *Va pas!* si quelque motif l'empêche de se rendre à bord. Sur le rapport du réveil-matin le patron fait ses dispositions soit pour compléter son équipage soit pour se mettre en règle vis-à-vis des gardes maritimes. C'est à cet usage très-ancien que se rapporte notre chanson.

ANTOINETO

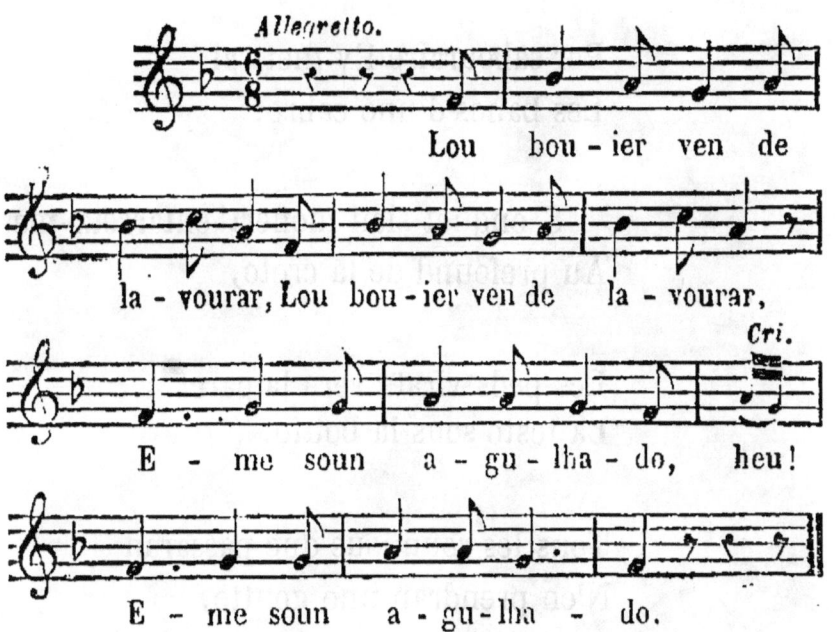

Lou bouyer ven de labourar, *(bis)*
Eme soun agulhado,
      Heu !! (¹)
Eme soun agulhado.

Trov' Antoinet' autour doou fuec
Que di qu'a mau de testo.

— S'as mau de testo digo-lou,
Te farai un poutagi ;

Eme lou calous d'un caulet
Em' uno bourtouraigo. (²)

Per sabouraire l'y mettrai
Les banos d'uno cabro.

— S'enquot siou mouert' entarretz-me
Au prefound de la croto,

Les peds virats vers la paret
La testo sous la bouto. (³)

Tous les roumious que passaran
N'en prendran uno goutto,

Et sur moun corps la jitaran
Sera l'aigo seignado.

Tous les moundes que passaran *(bis)*
Diran : la belo es mouerto
      Heu !!
Diran : la belo es mouerto.

---

(1) On doit imiter le cri du laboureur qui excite ses bœufs.

(2) Variante :

Em' uno bourrouyado.

(3) Cette disposition se retrouve dans le *testament de Pathelin*, farce qui remonte au moins à 1500 :

MESSIRE JEHAN:
*Au nom de sainct Pierre l'apostre,
Dictes où vous voulez que vostre
Corps soit bouté en sépulture ?*

PATHELIN.
*En une cave, à laventure,
Dessoubz un muid de vin de Beaulne.*

Elle rappelle également un couplet de la fameuse chanson d'Adam Billaut, *Aussitôt que la lumière*, mais il ne faut pas perdre de vue que cette chanson telle qu'on l'imprime dans tous les recueils de chansons bachiques est l'œuvre d'un arrangeur moderne, qui a modifié la forme et augmenté le fonds de la composition primitive qui fait partie des *chevilles de maître Adam*, éd. in-4°, pag. 298. Or quelques détails de notre chanson, le passage des pèlerins par exemple, la font remonter à une époque certainement antérieure au remaniement de l'œuvre du menuisier de Nevers. Si donc il y a imitation, elle est dans le couplet français.

Une version languedocienne publiée par M. Anacharsis Combes ajoute après ce couplet :

Las gouletas que toumbaroou (bis)
Seroou d'aygo rousèlo (bis)
Guè !
Seroou d'aygo rousèlo.

(*Chants populaires du pays castrais*, pag. 35).

LOU RAT

L'y a un de mes amics,
Que ven toujours m'avartir
Et me di : lou miou coumpaire
Ta fremo n'en fai pas ben,
Quand tu sies dins lou tarraire
N'y a un que ta plaço ten.

— Oh! l'hasard es grand ! jamai
Jamai iou me lou creirai.
— Se tu te lou voues pas creire
Vene-t-en à moun houstau
Se iou te lou fau pas veire
Diras que siou un gournaud.

Quand à l'houstau sount istats
D'un trauc l'a fach regardar,
A vist uno longo raubo
Que marchavo tout d'un corps,
Par dessouto sa soutano
N'en pourtav' un gros gigot.

Lou bouen amic n'es intrat,
A tauro se soun boutats :
Que Diou nous fasse la graci
Que degun nous ague vist,
Que n'aguessiam pas l'esglari
Belo, de vouestre marit.

Moun marit fau pa 'prehendar
S'es enanat travailhar,
Li ai garnit 'no boueno biasso
Dedins l'y ai mes fouesso pan
N'en a per uno semano
Me l'a di en s'enanant.

A pas fenit lou prepau
Lou marit piqu' à l'houstau ;
Doou ped piquav' à la pouerto :
Mio, venetz un pau leou
Que n'ai eissoubliat la couerdo
Per adurre de gaveous.

— De gaveous n'en vouere gis
N'adurras un autre viagi,
Vai-t-en leou à la bastido
Veire les travailhadours
Eles n'en saboun ren faire
Quand sies pas à soun entour.

Oh ! moun Diou, coumo farai,
Ounte iou vous boutarai ?
Mountetz leou à la palhiero,
Aquit n'en fau pa' aguet poou,
N'en seretz à la sourniero
Vous taparai d'un lançoou.

Quand lou marit es intrat
Espinchavo coum' un cat,
A cridat : vesins, vesinos,
Venetz leou per m'assistar
De ma 'ternelo de vido
Aviou vist lou plus beou rat.

Rat, rat, rat, que fas d'amoun
Se mount' eme moun bastoun !....
Ni a tant fichat sur l'esquino,
Sur les aureilhos, partout,
Que fara pas l'exercici
Per un mes ou quinze jours.

Jean, Jean, Jean, piques pas tant,
Siou lou paure capelan,
Vene counfessar ta fremo
Tous les diluns de matin,
Touto fremo qu'es enceinto
Poou p' anar es capouchins. (¹)

---

(1) Dans une variante des environs de Nice au lieu de ces deux derniers vers le mari répond :

Elo a pas besoun de preire
A besoun d'un medecin.

LOU GALANT DINS LOU POUS

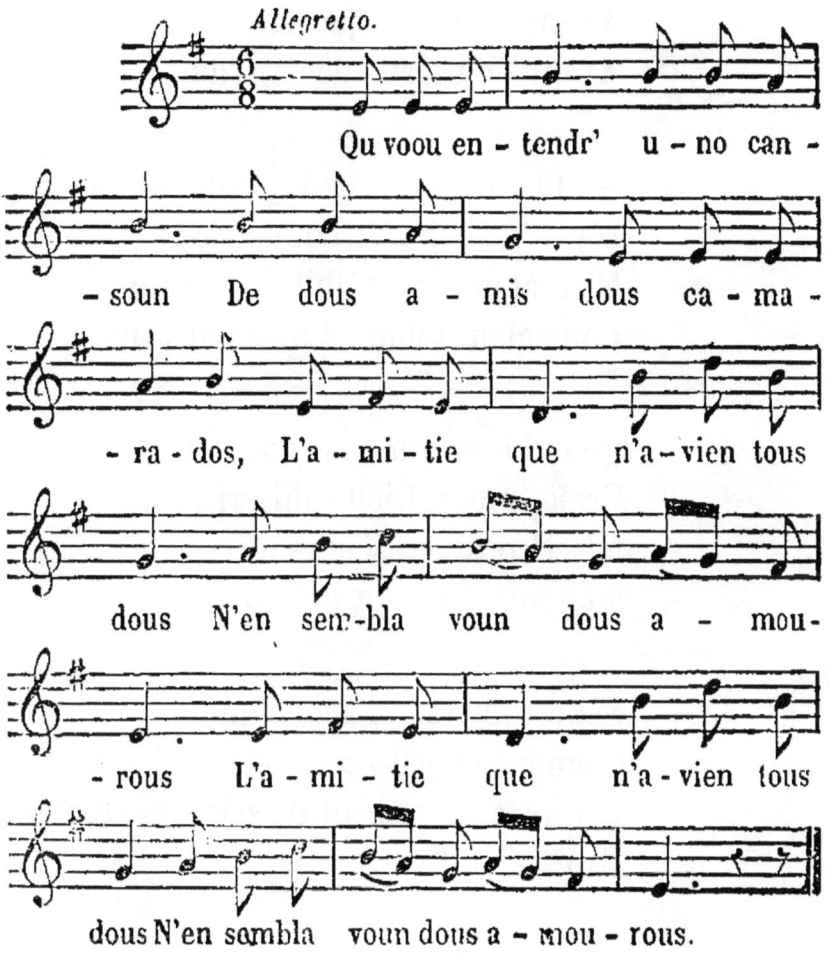

Qu voou entendr' uno cansoun
De dous amics, dous camarados,

L'amitié que n'avien tous dous } bis
N'en semblavoun dous amourous. }

— Camarad', enanem se-n-en
Fair' un bouquet à ma mestresso,
Anem culhir lou jaussemin
Avant de sourtir doou jardin.

— Camarado, prend gard' au pous
L'y a 'no peiro desemparado ;
N'en aguet pas culhit tres brouts,
Lou galant toumbet dins lou pous.

Quand dins lou pous eou n'es istat
Crido, moun Diou ! misericordi !
Misericordi iou siou mouert
Me sente d'aigo jusqu'au couel !

Soun camarad' a courregut
Coumo se fousso soun bouen fraire,
L'y a trach lou bout de soun manteou :
Camarado, tiro-te leou.

Fouero lou pous quand es istat
N'avie un fred que tremouravo :
Camarad', enanem se-n-en,
Dissat' au souar retournarem.

Quand n'en ven lou dissat' au souar
Que les bouquets se presentavoun : (¹)
Tenetz, mi', un bouquet per vous,
Per vous siou toumbat dins lou pous.

— Dins lou pous seriatz pas toumbat
Se l'y anessiatz eme la luno,
La lun' aurie fach claritat,
Dins lou pous seriatz pas toumbat.

— Douç' amio, iou vese ben
Que per iou d'amour n'avetz gaire,
Diguetz-me *votre surement*
Se vous avetz changeat d'amant.

Se vous avetz changeat d'amant
Iou pourrai changear de mestresso ;
Adiou, mio, adiou..... bouen souar.
— Adiou, galant .... *jusqu'au revoir.*

―――――

(1) Allusion à un usage commun autrefois à toute la Provence. Le samedi soir les jeunes gens offraient à leurs maîtresses un bouquet dont celles-ci ne manquaient pas de se parer le lendemain aux danses qui avaient lieu en plein air, à la sortie des offices de l'Eglise.

BARGIERETO DE MESTRE ANDRE

Bargiereto de mestr' Andre
Bargiereto de mestr' Andre
S'en vai au bouesc touto soureto, *(bis)*
Fa liroun, lira de larireto,
Fa liroun, lira de lalira.

Mai soun mestre li vai après :
— Mestre, s' ensin me poursuivetz
Iou lou dirai à la mestresso. *(bis)*

—Vai ! mangearas lou bouen pan blanc *(bis)*
Et la mestresso la segueto ;

Tu n'en beuras lou bouen vin blanc *(bis)*
Et la mestresso la trempeto ;

Tu coucharas au bouen liech blanc *(bis)*
Et la mestress' à la palheto.

Mai quand n'en ven lou bout de l'an
La mestress' aguet un enfant,
La bargiereto doues filhetos.

S'en vai trouvar lou varlet Jean : *(bis)*
— Fau espousar la bargiereto.

— La bargieret' espousarai *(bis)*
Se me dounetz la bastideto.

— La bastideto te darai
Mai que tu pouertes les banetos.

— Les banetos iou pourtarai,
Les banetos iou pourtarai,
Mai que traucoun pas ma barreto *(bis)*
Fa liroun, lira de la lireto
Fa liroun, lira de la lira.

LES BOUFFETS

Siam u-no band' de bra-vo jou-ven-tu-ro, A-vem un grand fuec que nous bru-lo, Se siam i-ma-gi-nats, Per se lou far pas-sar, De pren-dre de bouf-fets au cuou se far bouf-far, Au cuou se far bouf-far, Au cuou se far bouf-far. Les bouf-fets soun routs, soun routs, ma mi-

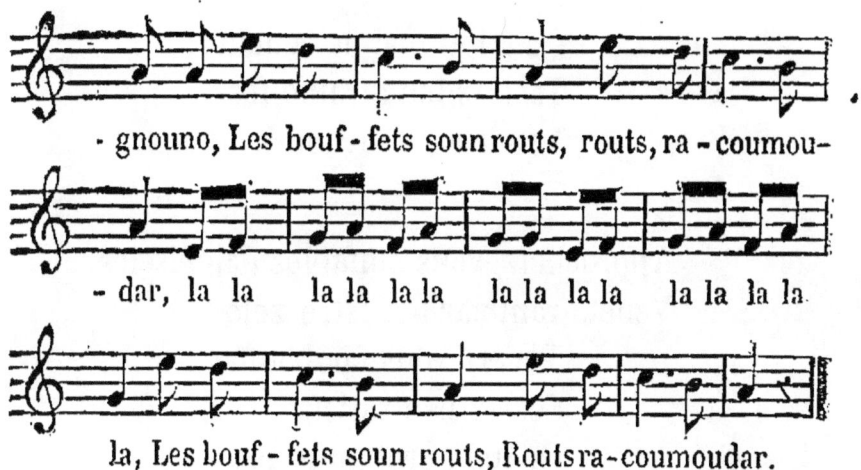

-gnouno, Les bouf-fets soun routs, routs, ra-coumou-
-dar, la la la la la la la la la la la la la la
la, Les bouf-fets soun routs, Routs ra-coumoudar.

Siam uno band' de bravo jouventuro,
Avem un grand fuec que nous brulo,
    Se siam imaginats
    Per se lou far passar
    De prendre de bouffets
    Au cuou se far bouffar. *(ter)*

Vous cresetz pas que sieguem d'amouraires,
Noun, siam renoumats per bouffaires,
    Qu se voou far bouffar
    A que de s'avançar,
    Lou canoun es plantat
    Lou juec vai coumençar.

Es un ooutis coumpousat de doues peços,
Que per lou menar fau d'adresso,
    Es surtout lou canoun

Qu'a lou mai de renoum,
Tastatz lou qu'uno fes
Voudriatz tout lou bouffet.

Approchetz-vous aimablos dameiselos,
Venetz ranimar nouestre zelo,
Venetz vous far bouffar,
Seretz ben satisfa'
Quand auretz uno fes
Tastat nouestre bouffet.

Aqueou bouen air que souvent les filhetos
S'en van respirar sur l'herbeto,
N'es pas, quoique charmant,
De la premiero man,
Et mai que d'uno fes
Souerte d'un vielh bouffet.

Se, per hasard, lou bouffet poou vous plaire,
Poudetz approuchar de tout caire,
Poudetz venir souvent
Vous dounarem de vent
Plus doux que lou mistrau
Que fai serrar lou trauc.

Se lou bouffet per un juec trop penible
Perdie de soun souffle sensible,

N'auriam que tansipauc
Lou leissar en repau,
Afin que l'an que ven
De long' anesso ben. *(ter)*

―――――

Cette chanson, comme celle *des Fieroues* (i, 189) est destinée à être chantée dans une mascarade. Elles paraissent être des réminiscences de ces ballets qu'on exécutait en carnaval et dont il nous reste quelques-uns dans les œuvres de Claude Brueys. Le costume des exécutants est le même dans toutes deux, seulement dans celle-ci les danseurs, au lieu d'une quenouille, sont armés d'un soufflet dont ils se servent comme se servent de leur instrument les matassins de *M. de Pourceaugnac*. Voici d'ailleurs comment s'exécute cette danse.

Les danseurs, au nombre de vingt au moins, marchent par paire au son du galoubet exécutant un air de marche. Arrivés au point où doit avoir lieu leur exercice, ils font quelques évolutions et la tête de la colonne devient le pivot d'une spirale qui s'enroule autour de ce centre. Le dernier danseur devenant à son tour tête de colonne, la spirale se déroule, de manière que lorsque les danseurs se retrouvent par couple ils ont opéré une conversion de front. Un couplet est chanté, et pendant la ritournelle jouée par les instruments (¹), les danseurs placés sur une seule file et sautant en cadence sur un seul pied exécutent la manœuvre indiquée par le premier couplet. A la seconde reprise, un saut brusque replace les danseurs dans l'ordre primitif, et chacun rend à son camarade le service qu'il en a reçu. Un second couplet est chanté et est suivi du même exercice. Lorsque la chanson a été dite en entier, la troupe se porte sur un autre point entraînant avec elle une foule joyeuse et bruyante.

L'usage veut que la mascarade *des Bouffets* ne s'exécute que tous les vingt-cinq ans. On ajoute alors un premier couplet indiquant combien de fois elle a déjà été dansée dans le pays :

> Mes chers amis, per uno mascarado
> Anem celebrar la journado,
> Et nouestres devanciers
> La feroun les premiers,
> Per la secoundo fes (²)
> Dansarem les bouffets.

On peut voir la description d'une autre danse *des Bouffets*, usitée à Uzès, dans *l'Illustration* du 21 mars 1857.

---

(1) Souvent pendant la ritournelle les spectateurs frédonnent les paroles que nous avons placées sous la musique, mais elles ne sont pas dites par la troupe chantante.
(2) *Per la troisiemo fes*, etc.

LES NOUEÇOS DOOU QUINSOUN

Air doou Premier Miracle.

Lou quinsoun et la lauzeto
Parloun de se maridar,
 Taran, lan, lairo,
Parloun de se maridar
 Taran, lan, la.

Mai lou premier jour des noueços
Ant gis de pan per mangear.

D'eiçà n'en ven la fourmigo
Em' un sac de bla' au cousta.

Aro de pan n'avem proun,
De car n'en auriam besoun.

D'eiçà n'en ven lou reinard
Em' un moutoun au cousta.

Aro de car n'avem proun,
De vin n'en auriam besoun.

D'eiçà n'en ven lou mouissoun
Que li duerbe lou canoun.

Aro de vin n'avem proun,
De dansar auriam besoun.

D'eiçà n'en ven un gros rat
Em' un tambour au cousta.

Lou cat qu'es souto lou liech
Sauto sur lou menestrier,
  Taran, lan, lairo,
Sauto sur lou menestrier,
  Taran, lan, la.

M. Anacharsis Combes a publié une version languedocienne de cette ronde. Nous lui empruntons quelques couplets dans lesquels des insectes, la puce, le pou, viennent prendre part à la danse, après que le papillon, le loriot, l'écureuil ont fourni les mets de la noce :

> Aro de car n'aben pla prou,
> Mes de dansayres nou n'aben, nou ;
>
> La piouzé sourtis dal lançol
> En faguen quatre saouts pel sol ;
>
> Lou pésoul sort de pel pétas
> Ne trapo la piouzé pel bras :
>
> De dansayres n'aben pla prou,
> Mes de cantayres nou n'aben, nou ;
>
> Lou rat sourtis de pel traoucou,
> Yèou la bous cantarey pla prou ;
>
> Lou cat sourtis de pel cendrié
> N'en fic un saout sul menétrier ;
>
> Cousi ! cousi ! ça dis lou rat :
> Y aura pas pus de parentat. (¹)

Ce sujet n'est pas d'ailleurs particulier aux provinces méridionales et nous en connaissons des variantes qui appartiennent à celles du nord et notamment au Limousin et au pays de Caux.

---

(1) A. COMBES, *Chants populaires du pays castrais*, pag. 34.

JEAN DE NIVELLO

Air : Cadet Rousselle.

Jean de Nivello n'avie 'n chin
Que lou mandavo tirar de vin,
Et li derrabet la canello,
Leissetz passar Jean de Nivello,
    Mai, mai, mai cependant
Jean de Nivell' es bouen enfant.

Jean de Nivello n'avie 'n gau
Qu'eme sa couo escoubavo l'houstau
De sa pato fasie 'scudelo. . . . .

Jean de Nivello n'avie 'n pouerc
Que lou mandavo cercar de bouesc
Et li adusie ni trounc ni 'stelo. . . . .

Jean de Nivello n'avie 'n buou
Qu'avie les banos sur lou cuou
Et la couo dessus la cervelo. . . . .

Jean de Nivello n'avie 'n cat
Que lou mandavo cercar ses bas
Et li rouiget la semelo. . . . .

Jean de Nivell' avie 'n agneou
Saup pas s'es mascl' ou s'es femeou
. . . . (¹)

Jean de Nivell' a tres chivaux
L'un es borni, l'autr' es maraut,
L'autre poou pas pourtar la sello. . . . .

Jean de Nivell' a tres enfants
L'un es bourreou, l'autr' es sargeant (²)
Et l'autr' escapat de galero,
Leissetz passar Jean de Nivello,
    Mai, mai, mai cependant,
Jean de Nivell' es bouen enfant.

NOTES ET ÉCLAIRCISSEMENTS

(1) Lacune qui n'a pu être comblée.

(2) Variante :
L'un es couquin, l'autre bregant.

En 1792, d'après M. du Mersan, nos soldats, ayant entendu chanter dans le Brabant une chanson de *Jean de Nivelle*, l'appliquèrent à quelque loustic de régiment appelé *Cadet Rousselle*, et c'est sous ce nom qu'elle devint populaire (¹). Nous ne contesterons pas cette origine étrangère de la chanson, mais ce qui est certain c'est que, bien avant les guerres de la Révolution, Jean de Nivelle était fort connu en Provence. Nous n'en voulons pour preuve qu'un couplet de la chanson contre les cordonniers composée en 1752 par l'abbé Roux, supérieur du petit séminaire d'Aix :

> Dien que Jean de Nivello
> N'avie que tres chivaux,
> Touteis tres hors de sello,
> Touteis bornis ou malaux,

(1) *Chants et chansons populaires de la France*, éd. de Delloye, liv. 22.

Vaqui ben la figuro
De la pegoutarie,
Li a ren qu'estroupiaduro,
He ! fi deis courdouniers. (¹)

Cependant ce héros de la muse populaire n'appartenait pas à notre pays. Comment donc son nom y était-il connu au point de devenir populaire ? Ici nous ne pouvons hasarder que des conjectures.

Jean de Montmorency-Fosseux, sire de Nivelle, avait embrassé le parti de la ligue du bien public et combattait sous les ordres de Jean d'Anjou le fils de notre roi René. Son père, qui était resté fidèle à Louis XI, indigné de voir son fils sous les drapeaux rebelles, le fit sommer à son de trompe de venir le rejoindre et quand il vit que bien loin d'obéir Jean prenait prudemment la fuite, il donna tous ses biens à un fils qu'il avait d'un autre lit en s'écriant : *ce chien de Jean de Nivelle, il s'enfuit quand on l'appelle.* De là le proverbe, de là la chanson qu'on retrouve déjà dans la farce *de deux savetiers, l'un pauvre, l'autre riche,* composée vers cette époque et mise en meilleur ordre et langage au commencement du xvii° siècle. (²)

N'est-il pas possible, nous allions dire n'est-il pas probable, que des soldats provençaux qui avaient suivi Jean d'Anjou aient rapporté la chanson, que quelque loustic provençal, au lieu du loustic de du Mersan, l'ait composée en 1465, et que ce Jean de Nivelle réduit à se faire servir par des animaux ne

---

(1) Manuscrit communiqué par M. L. de Crozet.
(2) RECVEIL DE PLVSIEVRS FARCES, tant anciennes que modernes, lesqvelles ont esté mises en meilleur ordre et langage qu'auparauant. *A Paris, chez Nicolas Rovsset,* MDCXII.

soit autre que Jean de Montmorency déshérité par son père ? Ce n'est là qu'une hypothèse, nous l'avouons, mais dans ces terres inexplorées de la poésie populaire nous sommes souvent comme ces chevaliers des contes de fées qui, égarés dans une forêt, se rattachent à la moindre lueur qui point à l'horison. et qui les conduira vers un palais ou vers la hutte d'un charbonnier, si même elle ne leur échappe avant qu'ils aient pu l'atteindre.

GARRI MALHUROUX

Garri, malin garri, garri malhurous,
Aviou tres froumagis m'en as mangeat dous,
Garri, malin garri, iou t'agantarai,
Es que tu, couquin, qu'as mangeat lou froumai.

Voou trouvar la cato qu'es au fugueiroun
Dedins la banasto eme ses catouns

Et li diou : ma cato, passaras mau temps
Se dounes pa' au garri quatre coous de dents.

La cat' esfrayado, tremblanto de poou,
Espero lou sero per faire soun coou,
S'es amouchounado contro la paret.
Guetet tant lou garri qu'à la fin l'aguet.

Couragi, mestresso, perdem pas de temps,
Lou raubo froumagi l'ai entre les dents,
Jure sur mes griffos que mangeara plus ;
Tant n'auriou fa 's autres fouguessoun venguts.

Lou garri respouende : eriam mai de cent,
De touto la bando iou siou l'innoucent,
Ant pres les froumagis, les ant empourtats,
Maudit sie la briguo se les ai tastats.

Communiqué par M. PELABON.

JEAN PICHOUN

Jean Pichoun vai dins un jardin
A chivau dessus un garri
A la guerr' es limaçouns,
    Jean Pichoun !
N'en dariatz pa' 'n coou de poung. (²)

Ai cridat : vesins, vesinos,
Estremetz vouestres gallinos,
Li pitarien lou mentoun ;
Ai ! moun marit qu'es pichoun.

De miech pan de telo griso
Iou n'ai fach douge camisos,
M'en a resta' 'n mouceloun
Que n'ai fach soun cravatoun.

D'un quart de pan de sargeto
N'ai fach culot' et vesteto,
M'en a resta' 'n mouceloun
Que n'ai fach soun coursetoun. (²)

D'un' agulho despouncheio
N'en ai fach sabr' et espeio,
M'en a resta' 'n mouceloun
Que n'ai fach soun couteloun.

D'uno gruelho d'avelano
Iou n'en ai fach sa cabano,
M'en a resta' 'n mouceloun
Que n'ai fach lou teoulissoun.

D'uno mitat d'alumeto
Iou n'ai fach sa cadiereto, (¹)
M'en a resta' 'n mouceloun
Que n'ai fach soun banquetoun.

D'uno testo de sardino
Eou n'en soupo, eou n'en dino,
M'en a resta' 'n mouceloun
Que n'ai fach soun goustadoun.

Quand la mouert, senso mysteri,
Lou mandar' au çamenteri,
De la mitat d'un gueiroun,
  Jean Pichoun !
N'en farai soun lansoouroun. (⁴)

NOTES ET ÉCLAIRCISSEMENTS

(1) Variante :

Moun mari' es vengu de Cadi
A chivau dessus un garri,
Moun marit qu'es tant pichoun,
    Jean Pichoun !
Poude dire qu'es pichoun.

(2) Variante :

D'un quart de pan d'escarlato
Iou n'ai fach manteou et capo,
M'en a resta' 'n mouceloun
Que n'ai fach lou capouchoun.

(3) Variante :

D'uno branco de figuiero
Iou n'en ai fach sieis cadieros.

(4) Variante :

Lou metrai sout' un maloun,
    Jean Pichoun !
Ai ! moun marit qu'es pichoun

Le motif de cette chansonnette est le même que celui de la ronde française *Mon père m'a donné un mari, mon Dieu quel homme, quel petit homme!* seulement il nous semble que la composition provençale a plus de gaîté naïve et d'entrain ; elle a surtout un mérite incontestable, celui de n'avoir jamais fait rougir la joue la plus délicate, de n'avoir jamais aiguilloné une curiosité prématurée dans une âme encore candide, et on n'en saurait dire autant de son analogue, bien qu'elle soit admise dans tous les recueils de rondes à l'usage des pensionnats de demoiselles (1). La chanson provençale a certainement été composée par une mère, la ronde française semble l'œuvre du diable.... devenu ermite.

Le même sujet se retrouve dans un très-joli *rispetto* toscan que sa brièveté nous engage à reproduire :

E lo mio damo è tanto piccolino,	Mon amant est si petit qu'avec ses cheveux
Chè co' capelli mi spazza la casa.	il balaye la maison. Il va dans le jardin pour
Andó nell'orto a côrre un gelsomino,	cueillir un jasmin et il a peur d'une grande li-
Ebbe paura d'una gran lumaca.	mace. Il revient dans
E vene in casa, e si messe a sedere,	la maison et il veut s'as- seoir, une mouche vole
Passò una mosca e lo fece cadere.	et le fait choir ; il se
E lu' si rizza, e andó alla finestra,	lève et va à la fenêtre,

(1) Voir not. *Jeux et exercices de jeunes filles*, par Mme de Chabreul, pag. 171, et *Chansons et rondes enfantines*, éditées par Martinon, pag. 23

Passò un tafano e gli rompè la testa: vole un taon et il lui
E maledisco le mosche e i tafani, rompt la tête Et je
maudis les mouches et
E chi s' innamoró de' Maremmani; les taons et qui s'amou-
rache de ceux de la Ma-
E maledisco le mosche e i cugini, renne ; et je maudis les
E chi s' innamoró de' piccolini. mouches et les cousins
et qui s'amourache des
TIGRI, *Canti popol. toscani*, p. 280. hommes petits.

LOU GIBOUS

Margoutoun sout' un poumier
Que se souroumbravo,
Que se souroumbravo d'eicit,
Que se souroumbravo d'eilà,
Que se souroumbravo.

Un gibous ven à passar
Que la regardavo.

— Moussu per me regardar
Siou trop jouveneto.

— Margoutoun se me vouriatz
Seriatz ma mestresso.

— Per que pouesque counsentir
Fau que la gibo saute.

Lou gibous a counsentit
Que sa gibo saute.

Mio prend soun martelet
Et sa destrareto.

Lou gibous fai que plourar
Di que voou sa gibo.

Mio prend soun martelet
Em' un pau de pego.

Lou gibous sieguet countent
D'aver mai sa gibo.

Il existe de cette ronde plusieurs versions qui présentent de notables différences avec celle que nous publions : mais le plus souvent elles entrent dans des détails qui nous ont déterminé à les exclure de notre recueil, et nous n'avons admis celle-ci que pour conserver l'air très-chantant et très-populaire dans toute la Provence.

ROSSIGNOLET

Une jeune fille fait semblant de dormir pendant que les autres font une ronde autour d'elle en chantant :

Rossignolet, reveille-toi,
Un berger te demande,
Lan la,
Un berger te demande.

— Mai qu es aqueou poulit bargier
Que toujours me demando,
Lan la,
Que toujours me demando ?

— N'es N** que se fai noumar,
N** que te demando. . . . .

— Se n'es aqueou lou voure pas,
Iou n'en farai la mouerto. . . . .

Rossignolet, reveille-toi,
T'en dounarem un autre. . . . .

On reprend le dialogue *mai qu es aqueou* jusqu'à ce qu'on nomme celui qui plait à l'endormie qui alors se mêle à la danse en chantant :

Se li pleise n'en vau intrar,
Et n'en faire lou brandou,
Lan la,
Et n'en faire lou brandou.

Dans une variante la jeune fille contrefait la morte ; ses compagnes chantent :

La sœur Lignotte ne dort pas,
Mais elle fait la morte, lan la . . . .

Helas qu li farem dounar
A nouestro sur Lignotto, lan la. . . . .

N** per soun espous,
A nouestro sur Lignotto, lan la. . . . .

Ce couplet se répète en changeant le nom jusqu'à ce qu'on nomme le garçon préféré ; alors la morte se lève et se mêle à la ronde.

VILAINO BOUITOUSO

M'en vau au bouesc souretto,
Vilaino Bouitouso,
M'en vau au bouesc souretto.

Au bouesc que l'y vas faire,
Vilaino Bouitouso. . . . . .

N'en vau cercar d'aprunos,
Vilaino Bouitouso. . . . .

Se lou rei te rescontro,
    Vilaino Bouitouso. . . . .

Lou rei es moun coumpaire,
    Vilaino Bouitouso. . . . .

Douno me tes aprunos,
    Vilaino Bouitouso. . . . .

Prenetz dins ma courbelho,
    Vilaino Bouitouso. . . . .

Prenetz nen uno ou doues,
    Vilaino Bouitouso,
Prenetz les plus couroues.

Cette ronde paraît une réminiscence de *Giroflé, girofla.* V. *Chants et chansons populaires de la France*, 27ᵉ livraison. Elle se retrouve aussi dans les Flandres avec le refrain : *Gilotin par fin.*

LES FILHETOS DE TOULON

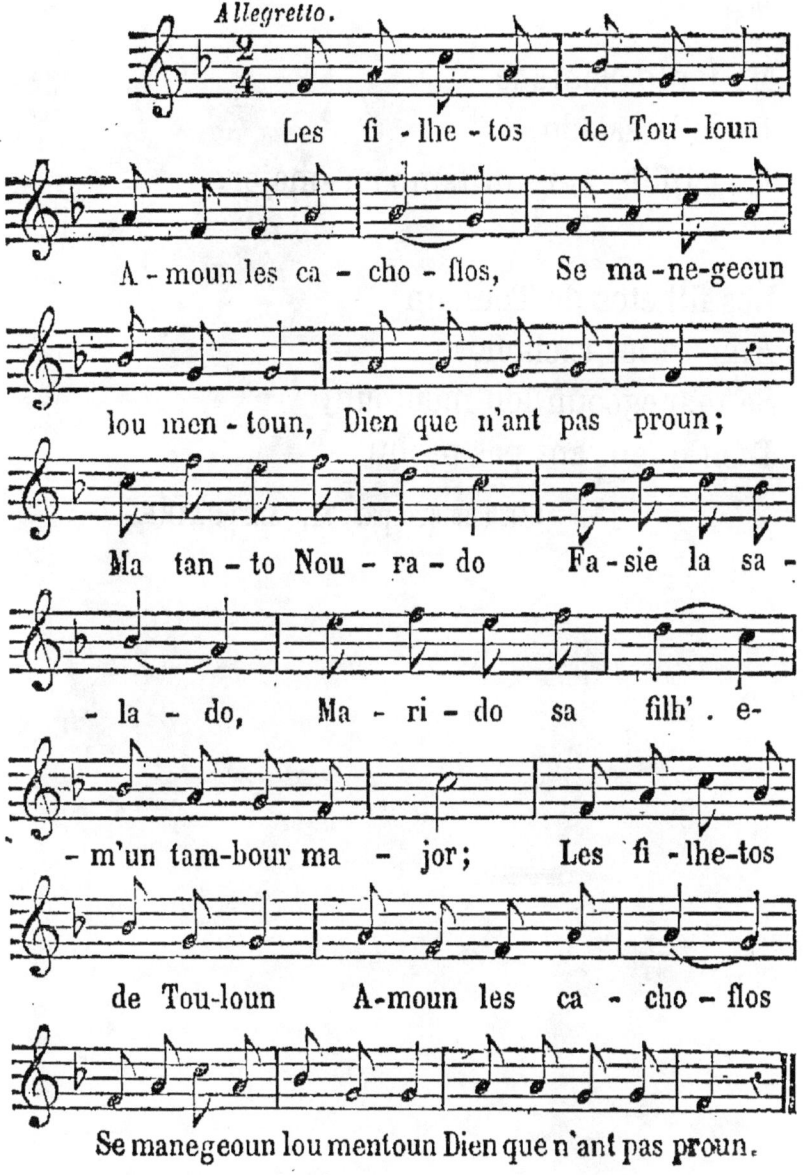

Se manegeoun lou mentoun Dien que n'ant pas proun.

Les filhetos de Touloun
Amoun les cachoflos,
Se manegeoun lou mentoun,
Dien que n'ant pas proun.

Ma tanto Nourado
Fasie la salado,
Marido sa filh' em' un tambour-major.

Les filhetos de Touloun
Amoun les cachoflos,
Se manegeoun lou mentoun,
Dien que n'ant pas proun.

Communiqué par M. LETUAIRE.

APPENDICE

CANTINELLA IN NATALI DOMINI

An grant alegrier annem vesitar
La Verges Maria e 'l sieu bel Filh car.

Nostre Senhor Dieus trametra del Cel (¹)
Messagier nouvel l'angel Gabriel,
De Josep l'esposa pres a saludar,
La Verges Maria, e a consolar. (²)

Ave, Verges pura, non aias temor,
Car en tu s'enclina nostre Salvador,
E sera fach home per nos asalvar
Lo Filh de l'Altisme, d'aysso non duptar.

Lo Sanct Sperit sobre tu vendra
Car en tu s'enclina e solombrara ;
E seras tu mayre del Filh de Dieu car,
Precios e Sanct, non aura ges par.

* Ves Helisabet, aras porta fruc, (³)
En sa grand vilhesa un filh benastruc;
Aras son .vj. mezes qu' ella ha conseuput,(⁴)
Non es enpossible de Dieu encarnnat.

E tantost la Verges, ambe humilitat,
Respondet a l'angel plen de sanctitat :

De Dieu su [i] serventa per son plazer far,
Fassa si ves mi, segon ton parllar.

Quant hac consentit Dieus a encarnnar,
Lo Sanct Sperit tost hi va hobrar,
E molt sotilment l'annet enprenhar,
E, cant venc son temps, la fes enfantar.

* En aquest meian Joseph fom duptos
Car non la toquet en temps que mays fos,
Mays sicretament el la volt layssar;
L'angel li va dire : non o deves far.

* Joseph de David tu yest filh mot car,
So que ti diray vuelhas escoutar,
Que may non fom home que volgues tocar
La tieua espoza, per que non duptar.

* So que es en ella Dieus a tot hobrat,
Lo Sanct Sperit l'enfant ha format,
Lo sieu nom Jeshus li deias pauzar,
Car aquel enfant deu lo mont salvar.

La Verges Maria, cant l'enfant fom nat,
En petis drapes l'a envelopat,
Entre lo buou et l'aze lo va repausar
E dedins la grupia lo van adorar.

Quant lo buou e l'aze lo van regardar
Els si ajunelhoron, van lo adorar, (⁵)
La palha e 'l fen laysseron estar
Per so que la mayre lo pogues colcar.

* Quant l'enfant plorava lo va vesitar
La Verges Maria, apres allachar
De las plenas poussas, car Dieu va mandar
Lach habunda (da) ment per lo sadollar.

L'angel deyssendet del cel als pastos,
E annunciet gran gauch a trestos,
Que la Verges pura a [v] ia enfantar (⁶)
Dieus e creatura per lo mont salvar.

Gran conpanha d'angels del cel deyssendet
An l'angel fizel tantost s'ajustet;
Gloria a Dieu anneron cantar,
Car li ha plagut son Filh home far.

Pas del cel en terra, han annunciat,
A tot hom que agra bona voluntat,
E volra Dieus temer, e son plazer far,
El volra servir e tost temps amar.

Los pastos ensemps tost s'en van annar,
Hon l'enfant nat era els van ensercar;

Bethlehem intreron, la lo van trobar,
Joseph an la mayre van lo saludar.

Gran festa meneron quant lo van trobar
Quant l'an connegut van lo adorar,
E quant s'en tornavan lur aver gardar
Els mays non cessavan de Dieu alausar.

* Quant fom circumsit nom li van pausar,
Salvador del mont lo van appelar;
E cant fom talhat el annet saunar,
La mayre o vi, comenset plorar.

* Quant l'enfant senti la peyra talhar, (⁷)
Gran pena li dona e va fort cridar,
La carn si separa, lo sanc va rayar,
So son las estrenas que nos volc donar.

Los tres reys s'en vengron daves Orient
En Jherusalem s'estela seguent; (⁸)
Lo rey que nat era els van demandar,
Car ellos venian per lo adorar.

Quant lo fom sauput fom turbat lo rey,
E fes tost venir aquels de la ley,
Si aviam legit, ni podon trobar
Que autre Senhor degues governar.

Daves Bethlehem van determenar
Que en deu eyssir sel [sic] que deu regnar;
Ayssins es escrich e ho van trobar,
E sobro aquo non podon plus far. (?)

Tantost de prezent los en fes annar,
Daves Bethlehem los fes endreyssar;
Els, l'agran trobat, deguessan tornar,
Per so quel l'annessa apres adorar.

Qe tantost apres l'estela s'en vent
Daves Betleheem [sic] drecha via tent;
Els la van seguir, va lur demostrar,
La hon l'enfant era, si annet pausar.

Dins l'ostal intreron, van hi atrobar.
La Verges Maria an son enfant car
Aur, ensens e mirra li van prezentar,
E per autra via s'en van retornar.

PURIFICATIO

* Al temple s'en venc, l'enfant va portar
A Sanct Symeon l'annet prezentar,
E annet uffrir de colomps un par,
O de tordoletas per la ley servar.

* Quant Sanct Symeon hac l'enfant petit
Promes li avia lo Sanct Sperit
Que mort non sentira fin que l'agra vist
Aquel que devia tot lo mont salvar.

* Quant Sanct Symeon hac l'enfant tengut
El l'a benezit e l'a counegut,
En lauzan de Dieu comenset cantar
E d'aquesta vida si va enviar.

* Tantost Simeon va prophetizar
Qu'el cor de la mayre deu coutel trancar,
De dolor que agra de son bel Filh car
Quant ella lo vira tant formens naffrar.

An grant alegrier annem vesitar
La Verges Maria e 'l sieu bel Filh car.

NOTES ET ÉCLAIRCISSEMENTS

(1) Ce noêl fait partie du *Choix de cantiques spirituels* de l'abbé Dubreuil, et il a été reproduit d'après ce recueil mais d'une manière peu exacte dans la *Statisti-*

que des *Bouches-du-Rhône*, III, 168. Nous nous bornons à indiquer les différences qui peuvent modifier le sens. Dans ce vers le texte de l'abbé Dubreuil porte *tramete*, le texte gravé avec la musique porte *trametra*.

(2) *A gratular*. Dub.; Cette version nous paraît préférable.

(3) Les couplets qui n'ont pas été publiés par Dubreuil, et que nous croyons inédits, sont marqués d'une astérique *.

(4) Le premier de ces deux vers est évidemment altéré puisque la rime manque, il faut lire probablement *que conseuput ha*. Nous croyons que le second doit être modifié également et qu'il faut

Non es enpossible de Dieu encarnnar

l'exemple d'Elisabeth n'étant donné que comme une preuve de la toute puissance de Dieu.

(5) *Aginolhron*. Dub.

(6) Il faut évidemment *enfantat*. Est-ce une licence comme s'en permettaient tous les troubadours, ou doit-on se contenter de l'assonance ?

(7) Le fils de Moïse fut circoncis avec une pierre tranchante : *Tulit illicò Sephora acutissimam petram et circumcidit præputium filii sui, tetigit que pedes ejus (Moysis) et aït : sponsus sanguinis tu mihi es*. Ex., VI, 25.

(8) *L'estela*. Dub.

(9) *Far* parler. Ce mot s'est conservé dans le provençal actuel dans cette locution : *li fai, li faguet*.

Le texte que nous publions est emprunté au manuscrit 152 fonds Lavallière de la bibliothèque impériale. Il est écrit au verso du folio 223. C'est un in-8° sur papier renfermant le poème sur la vie de S¹ Honnorat et quelques autres pièces relativement modernes (¹). On lit à la page 204 : *Anno incarnationis Domini millesimo quadringentesimo quadragesimo secundo et die quinta mensis decembris, vigilia beatissimi Nicholay confessoris ecclesie Turonensis ac totius cleri advocatoris, romansium predictum vite beati et illustrissimi Honorati Arelatensis episcopi et quingentorum martirum qui in insula Lerinensi passi sunt, et ad eorum laudem et honorem, ego Bartholomeus Audeberti cappellanus de Areis, Tholonensis dyocesis, manu mea propria scripsi, et id scribendo complevi in civitate Foro Julii, me existente clavario Domini mei Foro Juliensi J. miseratione divina episcopi. De cujus opere suppliciter laudes reddo debitas, ut teneor, altissimo creatori ac beatissime Virgine Maria et toti celesti curie.....* La cantinella est de la même écriture, sur du papier identique, portant le même filigrane ; elle a donc été composée au plus tard en 1442.

Le manuscrit transcrit par l'abbé Dubreuil est très-probablement le même que celui qui est conservé aujourd'hui à la bibliothèque impériale. Il nous apprend en effet qu'il a trouvé ce cantique à

---

(1) Nous croyons que c'est cette cantinella que Raynouard a voulu indiquer sous le titre de *quatrains moraux* (Lexique v. 607), puisque le MS. LAV. 152 ne contient pas d'autres quatrains que ceux-ci.

la suite du roman de St Honnorat de Lérins dans un manuscrit daté de Fréjus et de l'année 1442 conservé dans le cabinet d'un antiquaire d'Aix, d'où il avait pu sortir pour entrer d'abord dans celui du duc de Lavallière dont le dernier bibliothécaire fut un provençal. Si le texte donné par Dubreuil présente des lacunes c'est probablement que sa délicatesse se sera révoltée devant quelques détails trop réalistes.

La conformité du langage et du style amena notre docte abbé à regarder l'auteur de la vie de St Honnorat comme l'auteur du noël. Les auteurs de la statistique des Bouches-du-Rhône ont contesté cette attribution et ne croient pas qu'il remonte plus haut que le commencement du xve siècle, tandis que Raimond Féraud écrivait cent ans plus tôt. Cependant en comparant ces deux compositions on est frappé de diverses particularités assez caractéristiques pour les attribuer avec apparence de raison au même auteur. Ainsi dans toutes deux la troisième personne du singulier du parfait simple du verbe *esser* est écrite *fom* au lieu de la forme régulière *fon*. Et ce n'est pas le fait du copiste, car cette particularité se retrouve dans le ms. 152 de la bibliothèque impériale, dans le ms. 624 de la bibliothèque Méjanes et dans celui qui a servi à la publication de M. Sardou et qui faisait partie du cabinet de Raynouard. L'auteur de la vie de St Honnorat affectionne pour le conditionnel la forme *agra* qui est également employée dans la cantinella. A la septième strophe de celle-ci on trouve pour signifier *jamais* cette tournure remarquable *en temps que mays fos*, et on en retrouve une semblable dans le poëme *que per tos temps mays sia*, que M. Sardou rend par *qu'à tout jamais*. La langue il est vrai est plus intelligible et semble plus moderne que celle des troubadours du xive siècle, mais il ne faut pas perdre de vue que Raimond Féraud n'employait pas la langue érudite, qu'il écrivait, ou à peu près, l'idiome vulgaire et que, comme il le dit lui-même,

> Sa lenga no es
> Del dreg proenzales.

Ces rapprochements nous paraissent donner beaucoup de probabilité à l'opinion de l'abbé Dubreuil, et quand nous nous souvenons de la tendance des poètes du moyen âge à tout commencer *ab ovo* nous ne sommes pas éloignés de croire que notre cantinella faisait partie du lai sur la passion, aujourd'hui perdu, que Raimond Féraud avait composé :

> E los verses del lay fetz de la passion.

La musique est empruntée aux *Chants des cantiques spirituels provençaux et françois gravés par le s^r Hue, à Paris,* 1759, *imprimés par le s^r Montulay,* in-8° de 237 pages (^{1}). Afin de conserver à l'air sa physionomie originale, on s'est borné à l'écrire sur la clef de sol deuxième ligne au lieu de la clef de sol première ligne généralement employée dans ce volume qui paraît avoir été composé pour le recueil de Dubreuil.

(1) Nous devons à l'obligeance de M. Marcel Regis de la Colombière la communication de ce volume fort rare, dont un exemplaire se trouve à la bibliothèque d'Avignon

PLANCHS DE NOUESTRO-DAMO

Planch sobre planch, dolor sobre dolor,
Que cel e terra an perdut lur Senhor,
E yeu mon filh, el solelh sa clathor,
Car, sens razon, l'an mort Juzieu trachor ;
   Dieus, com mortal dolor !

Lanca (lo cor) mi dol, non pot hom aziemar,
Que lur Senhor an fach Juzieus naffrar,
Sus en la cros, e pueys fach abeurar
De vin mirrat mesclat an fel amar :
    Dieus.

Filhs, vos fezest los iiij elemens,
Fuoc, terra, ayre, e aygua eyssamens
Do lo pobol agues son compliment,
Ar vos a mort aytant amarament.
    Dieus.

Dygas, Juzieus fellons e rennegas,
Non vos a el de servitut gitas
De Pharaon, hon avias tant estat ?
Per guisardon l'aves en cros levat.
    Dieus.

Non vos det terra el de promission,
Et vos ploc manna el dezert à foyson ?

Per ben aves rendut mal guisardon,
Pendut l'avès en † coma layron
   Dieus.

Non puest ausir sens ni entendement
Que cel que era vengut salvar la gent,
O fes lo mont, e tot cant es vivent,
Vech estar mort aytant vilaynement.
   Dieus.

Ben a dur cor cel que non pot plorar
Que son Senhor vera pendut estar
Sus en la †, e qui so pot penssar
Qu'el Filh de Dieu auzes justiciar.
   Dieus.

Senhors e donnas, lo cor mi voul partir ;
Car yeu mon Filh vech en la cros morir :
Tant n'ay gran dol, bocca non ho pot dir ;
Si esser pogues, ambel volgra morir.
   Dieus.

Qui pot suffrir tant mortal marriment,
Que cel que mont a creat de nient
Vech estar mort tant descausidament !
Meravilhi mi car terra non si fent.
   Dieus.

Filh, vos sias de mi tot mon conort,
Tot mon solas, mon gauch e mon deport;
Dolenta suy, qu'yeu vech que, a gran tort,
Sus en la † pena suffres tant fort.
> Dieus.

La Verges dis : lassa, ou annaray ?
De grant dolor morray, que ben ho say :
Negun solas say que may non auray,
Car senssa Filh yeu vech que restaray.
> Dieus.

Filh, car amic, yeu non puesc plus parlar :
Lo cor mi fent, vuelhas mi ajudar ;
Si vos plegues, yeu vos volcia pregar
Que d'aquest mont pogues yeu trespassar.
> Dieus.

Filh, si vos plas, digas mi que faray ;
E digas mi anqui mi mantendray :
Car yeu non say si mays yeu vos veiray ;
An dol, amplor yeu tostemps estaray.
> Dieus.

Qant ac tot dich, Jesus la regardet,
E emplanhens e el li respondet :

Bella frema, Juhan aures per cert,
Lo qual de vos sera filh tot decert.
   Dieus.

E tu, Juhan, d'ella non partiras,
May tostemps mays amb' ella tu yras;
E em apres mayre l'apellaras,
E coma filh tu la governaras.
   Dieus.

E Sant Juhan ac al cor gran dolor,
E respondet, plorant, a son Senhor :
Tostemps seray della yeu servidor;
Mays, per ancor, yeu en ay grant tristor.
   Dieus.

Ar preguen Dieus payre omnipotent,
Qu' el nos perdon el jorn del jujament
Nostres peccatz, e nostres falhimens;
E puyes, amb' el, nos en annen ensemps.
  Plasse li par sa merce. Amen.

NOTES ET ÉCLAIRCISSEMENTS

Plainte sur plainte, *et* douleur sur douleur,
Parce que ciel et terre ont perdu leur Seigneur,
Et moi mon Fils, le soleil sa clarté,
Car, sans raison, l'ont tué les Juifs traîtres.
   Dieu, ô combien (avec) mortelle douleur !

Le deuil (le cœur) me perce, homme ne peut apprécier
Que leur Seigneur ont fait les Juifs navrer
Sus en la croix, et puis fait abreuver
De vin de myrrhe mêlé au fiel amer,
   Dieu !

Fils, vous fîtes les quatre éléments :
Feu, terre, air, et eau également ;
Du peuple avez son compliment (remercîment),
Maintenant vous a tué si amèrement.
   Dieu !

Dites, Juifs félons et renégats,
Ne vous a-t-il de servitude tirés,
De Pharaon, où vous aviez tant été,
Pour récompense l'avez en croix levé !
   Dieu !

Ne vous donna-t-il pas terre de promission,
Et ne vous fit-il pleuvoir manne au désert à foison ?

Pour bien avez rendu mal récompense,
Pendu l'avez en † (croix) comme larron.
   Dieu !

Ne peut entendre sens ni entendement,
Que celui qui était venu pour sauver les gens,
Qui fit le monde, et tout ce qui est vivant,
Je voye être mort aussi vilainement.
   Dieu !

Bien a le cœur dur qui ne peut pleurer,
Qui verra son Seigneur être pendu,
Sus en la † (croix), et qui cela peut penser
Que le Fils de Dieu osiez justicier.
   Dieu !

Seigneurs et dames, le cœur me veut faillir,
Car je vois mon Fils en la croix mourir,
Tant j'en ai grand' douleur, bouche ne peut le dire ;
Si *ce* pouvait être, avec lui *je* voudrais mourir.
   Dieu !

Qui peut souffrir si mortelle douleur,
Que celui qui le monde a créé de néant ;
Je voye être mort si pitoyablement !
Je m'étonne, car la terre ne se fend point.
   Dieu !

Fils, vous êtes de moi tout mon appui,
Tout mon soulagement, ma joie et ma consolation ;
Je suis dolente, *par ce* que je vois qu'à grand tort,
Sus en la croix, peine souffriez si forte.
   Dieu !

La Vierge dit : hélas, où irai-je ?
De grande douleur je mourrai, je le sais bien ;
Aucun soulagement je sais que jamais je n'aurai,
Car sans Fils je vois que je resterai.
   Dieu !

Fils, cher ami, je ne puis plus parler,
Le cœur me fend, veuillez-*bien* m'aider,
S'il vous plaisait, je voudrais vous prier
Que de ce monde je puisse trépasser.
   Dieu !

Fils, s'il vous plaît, dites-moi que ferai-je ;
Et dites-moi sur qui m'appuyerai-je ;
Car je ne sais si jamais je vous verrai ;
Dans la douleur, dans les pleurs, toujours je resterai.
   Dieu !

Quand elle eut dit, Jésus la regarda,
Et compatissant il lui répondit :
Belle femme, vous aurez Jean pour certain,
Lequel de vous sera fils tout dévoué.
   Dieu !

Et toi, Jean, d'elle ne t'éloigneras,
Mais en tout temps avec elle tu iras,
Et désormais mère l'appelleras,
Et comme fils tu la gouverneras !
   Dieu !

Et Saint-Jean eut au cœur grande douleur,
Et répondit, pleurant, à son Seigneur :

En tout temps d'elle je serai serviteur ;
Mais cependant j'en ai grande tristesse.
Dieu !

Maintenant prions Dieu père tout-puissant,
Qu'il nous pardonne au jour du jugement
Nos péchés, et nos manquements ;
Et puis avec lui nous en allions ensemble.
Qu'il lui plaise par sa grâce. Amen.

Le texte de cette pièce se trouve, avec les *Planchs de Sant Estève,* à la suite du *Martyrologe d'Adon,* manuscrit précieux du xiv° siècle conservé à la bibliothèque d'Aix. L'abbé Dubreuil l'a compris dans son recueil, et la musique comme celle du morceau précédent est empruntée aux *Chants des cantiques provençaux,* gravés par Hue. M. Rouard qui a publié le texte et la traduction de cette complainte (¹), a bien voulu nous autoriser à les reproduire : c'est pour le lecteur un sûr garant de l'exactitude de l'un et de la fidélité de l'autre.

(1) E. ROUARD, *Notice sur la bibliothèque d'Aix, dite de Méjanes,* pag. 303.

LA FUITO EN EGYPTO

Un angi avertit Mario
Et Jause de s'enanar,
　　Jesus, Mario !
Et Jause de s'enanar,
　　Jesus, Maria !

Li a di : Jause, fai belo,
Fau plus gaire demourar,

Ai ausit uno nouvelo
Qu' Herodo vous fai cercar,

Voudrie faire mourir Jesus,
Esto nuech lou fau sauvar.

Quand la Viergi s'enanavo
Eme soun enfant au bras,

Rescontro bouyer brav' homme
Que samenavo soun blad :

— Digo-me, bouyer brav' homme,
Tu que samenes toun blad,

Fai la reg' un pau plus grande
Per pousque me l'y acclapar.

— N'en farai pas, belo damo,
N'en farai pa 'n tau peccat.

— Vai-t'en cercar toun aurame
Et meissounaras toun blad.

— Coumo pourrie-ti se faire
Tout beou just l'ai samenat.

Lou brav' homme se reviro
Soun blad es tout espigat ;

N'en fouguet pas un quart d'houro
Sieguet flourit et granat.

La premiero garbo que coupo
La Santo Viergi la liad'.

La secoundo garbo que coupo
La Santo Viergi s'es cachad'.

— Se les faus judious passavoun
Digo li la verita.

N'en fouguet pas un quart d'houro
Les faus judious ant passat :

— N'as pas vist passar Mario
Eme soun enfant au bras ?

— Quand Mario n'en passavo
Samenav' encar' moun blad.

Adounc, se disoun l'un l'autre,
Aquot ero l'an passat.

Sant Jause prend la saumeto
Quand les judious sount passats ;

La Viergi se l'y asseto
Eme soun enfant au bras ;

S'en van dedins la valleio,
Mai quand sieguet su lou tard

La Viergi n'es espuisado
De tant de camin qu'a fach ;

Sant Jause duerbe la biasso
Mai se ly es plus ren trouvat : (¹)

Approuchem, diguet Mario,
Doou poumier que viou eilà.

— Mai les brancos sount tant hautos
Que ly pourrai pas mountar.

La Viergi ausso ses menotos
Lou poumier s'es abeissat.

Quand ant set lou vin et l'aigo
Doou blanc roucas ant coulat. (²)

D'eilà ven quatre grands laires
Que parlavoun que de tuar.

— Viergi, coumo pourrem faire
Per l'Enfant Jesus sauvar ?

— V'aquit de bouissouns d'espignos
Fau vite se l'y cachar.

Lou premier chivau que passo
Sente soun corps mautratat ;

Lou segound chivau que passo
N'a lou ventre dechirat ;

Lou troisieme se reculo,
L'autre fug' 'spouvantat. . . . . (¹)

Per ana 'n terro d'Egypto
Un grand bouesc fau traversar ;

Au mitan l'y a 'n mechant hoste,
Que de gens qu' a massacrats !

A sa filho qu'es marauto,
Sa fremo l'a sur les bras :

— Dounariats la retirado
A de roumious fatigats ?

— Intretz dedins la chambreto,
Roumious, per vous repausar.

Dins la cour couelo fouent claro
La Vierg' y tremp' un pedas.

— Es benesido la maire
Qu'a 'n tant bel enfant au bras.

Prend lou pedas de sa filho
Lou trempo dins lou bachas.

Et quand l'y a plegat sa filho
Es lusento de santa :

Viam ben que siatz lou messio
Que lou bouen Diou a mandat.

Pardounetz-nous nouestres fautos
Vous que venetz nous sauvar,
  Jesus, Mario !
Vous que venetz nous sauvar,
  Jesus, Maria !

Communiqué par M. ALLÈGRE.

NOTES ET ÉCLAIRCISSEMENTS

(1) Dans une version communiquée par M. Pélabon, c'est au laboureur que Marie demande à manger :

Ah ! digo, bouyer brav' homme,
Auries ren per toun dinar ?

> — *Ai un pau de pan de segle*
> *Et de marri vin trempat.*

> — *Toutes tres, bouyer brav' homme,*
> *Ensemble anem dinar.*

> *Lou pan venguet pan d'anouno,*
> *Lou vin venguet vin muscat.*

(2) « Que de tes racines, dit Jésus à l'arbre incliné, » que de tes racines il jaillisse une source qui est cachée » en terre et qu'elle nous fournisse l'eau nécessaire pour » étancher notre soif. » Et aussitôt le palmier se releva, et il commença de jaillir d'entre ses racines des sources d'eau très-limpide et très-fraîche et d'une douceur extrême. *(Hist. de la nativité de Marie et de l'enfance du Sauveur,* chap. xx). Ils vinrent ensuite à un sycomore que l'on appelle aujourd'hui Natarea, et le Seigneur Jésus fit jaillir à cet endroit une fontaine où Marie lava sa tunique, et le baume que produit ce pays vient de la sueur qui coula des membres de Jésus. *(Evang. de l'enfance,* chap. XXIX).

(3) Il nous paraît exister ici une lacune, et le couplet suivant qui se trouvait rejeté à la fin de la copie qui nous a été communiquée se rapporte à la prédiction de la conversion du bon larron :

> *Tu qu'as tant coumes de crimes*
> *Sur la crous te sauvaras.*

Dans l'Evangile de l'enfance en effet Marie, touchée du dévouement du voleur qui les rachetait de la brutalité de son camarade, lui dit : « Que Dieu te protège de sa main » droite et qu'il t'accorde la rémission de tes péchés, et

» le Seigneur Jésus dit à Marie : dans trente ans, ô ma
» mère, les Juifs me crucifieront à Jérusalem, et ces deux
» voleurs seront mis en croix à mes côtés, Titus à ma
» droite et Dumachus à ma gauche, et ce jour-là Titus
» me précédera dans le paradis. » *(Evang. de l'enfance,*
chap. XXIII).

Nous avons donné dans le premier volume (pag. 23 et 34) deux noëls qui se retrouvent avec quelques légères variantes dans celui-ci, aussi nous ne l'eussions pas publié s'il ne contenait d'autres épisodes des apocryphes qui sont une nouvelle preuve de la persistance des populations dans leurs croyances aux prodiges entassés dans ces livres. La rencontre des voleurs, dont l'un fut plus tard le bon larron, est empruntée à l'Evangile de l'enfance, chap. XXIII, et Ludolphe ne l'a pas oublié dans sa Vie du Christ ; la guérison des malades par l'eau qui avait servi à laver Jésus ou par le contact des langes dans lesquels il avait été enveloppé est répétée jusqu'à dix-sept fois dans le même Evangile ; quant à l'épisode du semeur on le retrouve dans un noël catalan avec des détails trop semblables à ceux de notre cantique pour qu'ils n'aient pas une même origine d'autant que cet épisode n'est qu'en germe dans les apocryphes :

Ab la somereta — s'en van à caball
Seguint las pitxadas — per un cami ral ;
Els angels devallan — tambe els ausselets

Perque 'l bon Jesus — no fos descubert.
El cami seguian — molt atribulats,
Un home trobaren — que sembraba blat.
« Vos home el bon home — el bon sembrador
¿ Teniu una garba — per ficar-m' hi yo ?
Sembrador, bon sembrador—vos qu' en sembreu del bon
¿ Tindriau una garbera—pera poder-m'hi amagar? » [blat
«¿Com voleu tingui garbera—si ara me 'l poso á sembrar?»
« 'neu á cercar la falseta — y á punt de segá' estará. »
Quant ne torna 'l sembrador — el troba sec y granat.
A la primera garbera — la Verge se va amagar.
No va tardá 'un 'hora — que varen passar
Molta gent ab armas — que anaban buscant,
Y al home digueren — que anaba segant
« Vos home el bon home — el bon segador,
¿ Heu vist una dona — ab lo redentor ? »
Ell ne responia — « una n' ha passat
Mentres yo n' estaba — segant aquet blat. »
S' en gira en els altres — diu no serán ells.
Tornem-s' en á casa — ab tota la gent.
El cami qu' hem fet — no 'ns ha aprofitat,
Ens hem cansat molt — y res hem trobat. (¹)

(1) Marie montée sur l'ânesse, ils s'en vont, suivant la trace, sur un chemin royal. Les anges descendent et aussi les oisillons pour que le bon Jésus ne soit pas découvert. Fort troublés ils suivaient la route quand ils trouvent un homme qui semait du blé. « Vous homme, bon homme, le bon semeur, auriez-vous une gerbe pour nous y blottir ? Semeur, bon semeur, vous qui semez du bon blé, auriez-vous une meule pour nous y blottir ? »

M. Milá y Fontanals fait suivre ce noël de cette remarque : « Nombreuses sont les traditions popu-
» laires qui ordinairement accompagnent cette com-
» position et qui peut-être en faisaient partie. Elles
» supposent que la perdrix et la menthe découvri-
» rent le lieu où Marie s'était réfugiée, et que pour
» cette indiscrétion elles furent condamnées, la pre-
» mière à ce qu'on ne mangeât pas sa tête et la se-
» conde à ne point porter de graines :

Calla, calla la perdiu — malehit será 'l teu cap.....
Calla la menta xarraira — que n'ets menta y mentiras
Y que mentre 'n siguis menta—floriras y no granaras. (¹)

Ces derniers détails, très-caractéristiques, se retrouvent en Provence. Dans la version qui nous a

— Comment voulez-vous que j'aie une meule, à peine je commence à semer. — Allez chercher la faucille vous le trouverez prêt à moissonner. Quand le semeur retourne, il trouve son blé en grains et mûr. A la première gerbe Marie va s'y blottir. Il ne s'écoule pas une heure que viennent à passer beaucoup de gens armés qui allaient cherchant, et ils dirent à l'homme qui moissonnait : vous homme, bon homme, le bon moissonneur, auriez-vous vu une dame avec le Rédempteur? Il leur répondit : il en est passé une quand je semais ce blé. L'un d'eux se retourne vers ses camarades et dit, ce ne sera pas eux ; retournons donc à la maison, avec tous nos gens. Le chemin que nous avons fait nous a peu profité, nous nous sommes fort fatigués et nous n'avons rien trouvé.

(1) Tais-toi, tais-toi, la perdrix, maudite sera ta tête. Tais-toi, menthe babillarde, tu es menthe et tu mentiras, et tant que tu seras menthe, tu fleuriras et ne porteras pas de graines.
(Mila y Fontanals, *Romancerillo catalan*, p. 131).

été communiquée par M. Pélabon et dont nous avons déjà donné un fragment, on lit en effet :

> Uno perdris qu'estarpiavo
> Per n'en gaubegear de blad,
>
> Proche de la Santo Viergi
> Elo s'es mess' à cantar.
>
> En entendent soun ramagi
> Dins l'espoir de la cassar,
>
> Les judious que s'enanavoun
> Sur ses pas ant retournat.....
>
> Maudich sie toun bavardage
> Ta testo lou pagara. (¹)

Et plus haut quand la sainte famille cherche un refuge contre les soldats d'Hérode, le laboureur leur dit :

> Eilavau l'y a 'n brout de mento
> Anetz-ly vous tapara.

---

(1) La perdrix était le symbole du diable. « Le jaloux ennemi du genre humain, dit Orderic Vital, porte beaucoup de noms dans les écrits inspirés par le ciel. C'est un lion, un loup, un dragon, *une perdrix*, un basilic, un milan, un sanglier, etc...... » *Hist. de Normandie*, liv. XI ; dans GUIZOT, *Mémoires relatifs à l'histoire de France*, tom. XXVIII, pag. 143.

Sant Jause eme Mario
Toutes dous ly soun anats.

La mento s'es abeissado
Per noun la Viergi tapar.

— Per acot iou te coundamne,
Flouriras noun granaras.

Ah ! digo, bouier brav' homme,
Auries ren per me sauvar.

— Eilavau l'y a 'n brout de sauvi
Anetz-ly vous tapara.

Sant Jause eme Mario
Toutes dous ly sount anats.

En les viant lou brout de sauvi
De dous pans s'es aloungat.

Le souvenir de la conduite si différente de ces deux plantes s'est conservé dans des proverbes qu'on entend encore répéter quelquefois :

Qu ves de sauvi noun n'en prend
De la Viergi noun se souven.

Et encore :

La mento toujours flourira
Mai de grano jamai fara,
Per noun la Viergi aver tapat.

Ou bien :

> La mento flouris mai noun grano,
> La Viergi en acot la coundamno.

C'est ainsi que tout se lie dans la littérature populaire et que les traditions l'ont marquée d'une empreinte que le frottement des siècles ne parvient pas à effacer complétement.

Fin.

TABLE

Introduction	i
La passien de Jesus-Christ	1
Lou sacrifici d'Abraham	8
La counversion de Santo Madaleno	15
Santo Margarido	19
Sant Alexi	25
Pater doou petit	33
La mouert de la boueno Mero	35
Les noumbres	42
Lou crucifix	47
La muto	53
La fouent de sant Jause	56
Lou jour des mouerts	61
Lou pastis	69
Fluranço	73
Miansoun	82
La Filho doou ladre	90
Lou rei et soun pagi	97
Belo calho !	103
La belo Margoutoun	108
L'enlevament	113
La moungeto	118
Pierre lou malado	123
Les transfourmatiens	128
Lou roussignoou messagier	135
Lou premier jour de mai	139
La paysano	145
La vielho	148
Lou jalous	152

Lou carbounier	157
L'antoni !	160
Lou roussignoou que volo	163
Pescadour de la caneto	166
Lou reveil deis pescadours	167
Antoineto	174
Lou rat	175
Lou galant dins lou pous	179
Bargiereto de mestre Andre	182
Les bouffets	184
Les noueços doou quinsoun	189
Jean de Nivello	192
Garri malhuroux	197
Jean Pichoun	199
Lou gibous	204
Rossignolet	207
Vilaino bouitouso	209
Les filhetos de Touloun	214
Cantinella in natali Domini	215
Planchs de Nouestro-Damo	226
La fuito en Egypto	235

FIN DE LA TABLE

Makaire, impr. à Aix.

BIBLIOTHÈQUE PROVENÇALE.

EN VENTE A LA MÊME LIBRAIRIE :

LA BVGADO PROUENÇALO Vonte' cadun l'y a panouchon
Enliassado de prouerbis, sentencis, similitudos et mouts per riré, en prouençau ; enfumado c' coulado en un tineou de dès soüs per la lauar, sabounar c' eyssugar coumo se deou.

Nouvelle édition augmentée d'une notice bibliographique et littéraire. = 1 vol., prix : 2 fr. 50 c.; sur papier de Hollande, 5 fr.

MEYGRA ENTREPRISA Catoliqui Imperatoris quādo de anno Dñi mille CCCCXXXVI veniebat per Prouensā bene corrossatus impostam prēdere Fransā cum villis de Prouensā propter grossas et menutas gētes reiohire per A: ARENAM bastifausata.

Nouvelle édition entièrement conforme à l'édition originale de 1537, précédée d'une notice bibliobiographique et littéraire par Norbert Bonafous, membre de l'académie d'Aix-en-Provence. = 1 vol., prix : 2 fr. 50 c.; sur papier fort, 3 fr 50 c.

VARIÉTÉS RELIGIEUSES ou choix de poésies provençales avec notes. = 1 vol. : prix : 2 fr. 50 c.; sur papier de Hollande, 5 fr.

CHANTS POPULAIRES DE LA PROVENCE
Recueillis, annotés et précédés d'un travail sur la poésie provençale par DAMASE ARBAUD, correspondant du ministère de l'intruction publique pour les travaux historiques, etc.

1er volume avec la MUSIQUE, prix : 3 fr.; sur papier de Hollande, 6 fr.

L'ÉPISCOPAT MÉTROPOLITAIN D'AIX, par Pierre-Joseph DE HAITZE, publié pour la première fois d'après le manuscrit original.

1 vol., prix : 2 fr. 50 c.; sur papier de Hollande, 5 fr.

www.ingramcontent.com/pod-product-compliance
Lightning Source LLC
Chambersburg PA
CBHW071511160426
43196CB00010B/1491